寅さんの列車旅

Tora-san on the railway Journey

旅鉄BOOKS

映画『男はつらいよ』の
鉄道シーンを紐解く

新装版

天夢人
Temjin

PROLOGUE

寅さんの家族、山田洋次の世界

山田洋次監督が育んできた「寅さんの世界」は、かつての日本では当たり前のように存在した運命共同体である。問題が起きれば家族だけでなく、親戚、隣近所が一緒になって打開策を模索する。リーダーがいて、補佐役がいて、問題児がいて、傍観者がいる。開けっ広げだが、かといってプライベートな部分にずかずかと踏み込んでくることはない。もちろん現在でも田舎に行けば、大家族や隣組《となりぐみ》は存在する。ただ、情報が容易に手に入る時代だけに、学び合う、助け合う、「向こう三軒両隣り」のつき合いが生きているかというと、残念ながら希薄になってきている。

『男はつらいよ』を見ていると、現実生活で欠落しているこの「希薄」な部分が埋まるような気がする。これは家族や仲間を大切にし、他人を思いやる心を忘れず、弱者をいたわり目上の人間を敬う儒教精神が、寅さんワールドにあふれているからだ。

「とらや」（第40作からは「くるまや」）の面々だけでなく、当の寅さんにしても、誰にでも気さくに話しかけ、すぐ逗留先の生活にとけ込んでしまう。列車でも同じで、ボックス席の相客《あいきゃく》はもとより、車掌、駅員にいたるまで自分のペースに巻き込んでしまい、寅さんを中心に輪ができる。そして家族のように会話が弾む。だからこそ寅さんの鉄道シーンは面白いのだ。小さなドラマも生まれ、それがときには物語のイントロやエンディングとなって物語に広がりを生む。

これを食膳にたとえてみよう。寅さんの鉄道旅は物語の副菜にすぎない。しかし、皿の上の副菜ではない。主食の白米の上に乗り、箸でご飯と一緒に咀嚼《そしゃく》される寸前の、もっとも輝いている瞬間の副菜なのである。山田監督は蒸気機関車、気動車、木造駅舎といった昭和の鉄道を愛してやまない。だからこそ、監督が選んだ「鉄道＝副菜」が映画の中で圧倒的な存在感を見せるのだ。

１９６９年に第1作の「男はつらいよ」が上映されてから50年を超えた。今こそ鉄道ファンだけでなく、みんなに〝寅さんの鉄道旅〟を見てほしい。『男はつらいよ』の見方が変わり、新しい発見が生まれるはずだ。

「旅と鉄道」編集部

CONTENTS

第5章 「男はつらいよ」全作品紹介

第6章 寅さんデータファイル

第1章

日本人が愛した寅さん

日本各地へあてどない旅に出る寅さんと、下町の風情が残る葛飾柴又で地道に暮らしているその家族。どちらを見ても、どことなく懐かしさや憧れを感じる。『男はつらいよ』を見て、日本人が感じるこの懐かしさや憧れはどこにあるのだろうか。

日本人が愛した寅さん

古い昔の良さが残る町

『男はつらいよ』は懐かしい。新しい映画だったのに懐かしい。

1969（昭和44）年に公開された第1作は渥美清演じる車寅次郎が20年ぶりに葛飾柴又に戻ってくる物語だが、冒頭、寅のこんなナレーションで始まる。

「桜が咲いております。懐かしい葛飾の桜が今年も咲いております」

「懐かしい葛飾の桜」が強調される。その言葉に合わせるようにカメラは江戸川べりにある柴又という小さな町を見せてゆく。

寺（帝釈天《たいしゃくてん》）、江戸川の草土手、門前の商店街。カメラは町を俯瞰《ふかん》でとらえるが、そこには瓦屋根が並んでいる。現代にまだこういう町があるのかと懐かしさを感じさせる。

69年といえば翌年、大阪で万国博覧会が開かれる高度経済成長のただなか。そんな時代に東京の東のはずれにまだ瓦屋根の家が並ぶ町が残っている。

やみくもな経済発展によって日本の風景が激変しているなかでこの町だけは、昔ながらの風景が残っている。一種の隠れ里のよう。

実際、「純情篇」（第6作／71年、マドンナ：若尾文子）には、「ふるさとの川

文

川本三郎

かわもと・さぶろう

1944年、東京都生まれ。文芸評論家、映画評論家。東京大学法学部卒業後、朝日新聞社に入社。独立後は評論活動に専念。『荷風と東京「断腸亭日乗」私註』で読売文学賞、『大正幻影』でサントリー学芸賞。鉄道ファンとして知られ、著書に『小説を、映画を、鉄道が走る』がある。近著には『映画の中にある如く』がある。

解説

渥美清

1928年、東京下谷区車坂町（現・台東区東上野）生まれ。本名は田所康雄。浅草フランス座を皮切りにコメディアンとして舞台やテレビで幅広く活躍した。68年にフジテレビで放送されたテレビドラマ版「男はつらいよ」で寅さんを演じたのち、26年間・48作にも及ぶ映画『男はつらいよ』シリーズで寅さんを演じ続け、96年に没した。没後に国民栄誉賞を受賞している。

江戸川」というテレビ番組が紹介される場面があるが、そこでは「この江戸川のほとりに周囲の繁栄から取り残されたような町、柴又があります」と説明されている。

経済成長から取り残されたからこそ逆に古い昔の良さを残している。懐かしさを保っている。『男はつらいよ』の魅力はなによりもまず、この懐かしい町、柴又を寅の故郷に設定したことだろう。そして寅の故郷が、観客には自分の故郷でもあると思わせる懐かしさを持っている。普遍性がある。

柴又は『男はつらいよ』によって下町のイメージが強いが、実際は東京の東のはずれ。昔の言葉でいえば近所田舎。葛飾区が区として成立したのは関東大震災のあとの32（同7）年。新開地である。震災後、被害にあった隅田川べりの人たちがここに移り住んだ。さらに東京空襲で焼け出された人たちが移り住み、新下町を作っていった。いわば市中からの避難場所（アジール）だった。

隅田川べりのいまの中央区や台東区、墨田区など、本来の下町が関東大震災と空襲によって壊滅したのに対し、柴又はどちらの時も被害を受けなかった。そして旧下町の人たちが移り住むことによって本来の下町らしさが生まれた。

「周囲の繁栄から取り残されたような町」とは、失われた下町らしさがこの東のはずれの町には残っていることをいっている。

山田洋次は東京オリンピックの前年、63（同38）年に倍賞千恵子主演で「下町の太陽」を作っている。墨田区の曳舟《ひきふね》あたりを舞台にしている。冒頭、カメラが町を俯瞰でとらえるが、そこは6年後の「男はつらいよ」の柴又と対照的に町工

解説　山田洋次

1931年、大阪府生まれ。東京大学法学部卒。助監督として松竹に入社。「二階の他人」で監督デビュー。『男はつらいよ』シリーズをはじめ「家族」「故郷」「同胞」「幸福の黄色いハンカチ」「武士の一分」などの名作を送り出してきた。毎日芸術賞、菊池寛賞、朝日賞、紫綬褒章。文化功労者、日本藝術院会員。

登場人物　車寅次郎（渥美清）

本シリーズの主人公。団子屋「くるまや」5代目主人・車平造と芸者の菊（ミヤコ蝶々）の間に生まれる。16歳のときに葛飾商業を中退、父と大げんかし家を飛び出し、以来、放浪の旅暮らしのなかテキヤとなる。

場の煙突が林立し、空は煙でくすんでいる。本来の下町が工場の煙で汚れてしまっているのに対し、東のはずれ、千葉県との県境を流れる江戸川べりの柴又には、懐かしい、古き良き下町が残っている。

ノスタルジーを希求した映画

この柴又は（題経寺《だいきょうじ》）帝釈天の門前町として発展した。市中から見ると前述したように近所田舎であり、いまふうにいえば郊外。だから夏目漱石の『彼岸過迄《ひがんすぎまで》』では主人公の青年が友人と、ある日曜日、柴又に遊びに行っている。江戸川の堤を歩き、帝釈天を参拝し、「川甚」で食事をする。明治末年のこと。一日の行楽になっている。

寅の叔父、「おいちゃん」（8作目までは森川信。最高だった！）の営む団子屋は、前述のテレビ番組では江戸時代からあり、「おいちゃん」で6代目とされている。いわば地付きの人間ということになる。

それに対し隣りの、小さな印刷工場を経営する「タコ社長」（太宰久雄）は震災後か戦後に移ってきた新住民だろう。工場で働く博（前田吟）はいうまでもなく新住民。地付きの人間と新住民が親しく溶け合っている。新下町の良さだろう。しかも町全体が寛永年間（17世紀はじめ）に創建された帝釈天という寺を中心に共同体を作っていて、そこの住職は「御前様」（笠智衆）と親しまれている。いわば町全体が家族の雰囲気を持っている。

高度経済成長と共に日本の旧来の家族のかたちは崩れ、核家族化が進行して

登場人物

車竜造
（1～8作＝森川信、9～13作＝松村達雄、14～48作＝下條正巳）

江戸時代から店をかまえる団子屋「くるまや」の6代目主人。寅次郎とさくらの父・平造の弟で、ふたりの叔父なので、通称「おいちゃん」。少年時代の夢は馬賊。心臓病・神経痛などの持病を抱える。

登場人物

タコ社長（太宰久雄）

本名は桂梅太郎。「くるまや」の裏にある朝日印刷所の社長で、寅次郎からは「タコ」と呼ばれている。一代で身を起こし、印刷所兼住居をもつが、いつも金策に走り回る。2男2女の父。

登場人物

諏訪博（前田吟）

大学教授の父に反発、家出して職を転々としていたが、タコ社長に出会い朝日印刷所に入社。「くるまや」裏の印刷所の寮にいた頃、さくらを見そめ結婚した。現在は印刷所の大黒柱。生真面目で堅実派。一度は独立を志したこともある。

いった。つとに小津安二郎が「東京物語」(1953年)で描いた核家族化が進んだ。山田洋次もそれに気づかぬ筈《はず》はない。事実、「家族」(70年)や「息子」(91年)では、日本の家族が置かれた厳しい現実を描いている。

そんななかで『男はつらいよ』の「くるまや」の一家には昔ながらの和気《わき》藹々《あいあい》としたあたたかい空気が残っている。それは一種の幻想である。あくまでも家族はかくあって欲しいと誰もが願う理想型である。山田洋次はそれを百も承知で作っている。観客もまた、あんな家族は現実にはもうないなどと野暮なことは言わずに幻想を楽しむ。ファンタジーとはいえ、そこには、確かに昔、こんな家族の姿を見たという既視感がある。だから懐かしい。「おいちゃん」や「おばちゃん」(三崎千恵子)をまるで自分の両親のように感じる。

「昔とは父母のいませし頃を云い」(麻生路郎《あそうじろう》)という川柳があるが、『男はつらいよ』はこの「昔」を大事にしている。「昔」を懐かしむ。ノスタルジーの映画である。

日本では一般的にノスタルジーは評判が悪い。「単なるノスタルジーではなく」という常套句《じょうとうく》があるほど。うしろ向きと批判する。それは遅れて近代化を始め、欧米に追いつき追い越せと必死になって国を作ってきた日本では仕方のないことではあった。うしろを振り返っている暇などない。ノスタルジーに浸るなどもってのほか。

しかし、一方で、あまりに急激に近代化を押し進めると、ついこのあいだの失われた近過去が懐かしくなることは確かである。ノスタルジーは一方で、うしろ

登場人物 **御前様**(笠智衆)
柴又の題経寺、通称帝釈天の住職。車一家や柴又の住人からは、親しみを込めて「御前様」と呼ばれる。題経寺は車家の菩提(ぼだい)寺で、寅次郎とさくらの父もここで眠っている。八方破れの寅次郎も御前様には頭が上がらない。

登場人物 **車つね**(三崎千恵子)
竜造の妻。通称「おばちゃん」。寅次郎の家出後、さくらをわが子のように育てた。主婦業のかたわら団子屋を切り盛りする働き者。情にもろい。得意料理は芋の煮っころがし。

向きと批判されながら、他方、日々「普請中《ふしんちゅう》」（森鷗外）、工事中の国では、近過去を思う気持ちとして大事なものになってくる。

西欧のようにゆっくり近代化を進めてきた国では案外、ノスタルジーの気持は強くない。まわりにいくらでも古い風景が残っているから。日本でも奈良や京都の人間が、東京の人間ほどノスタルジーの感情が強くないのと似ている。

『男はつらいよ』が27年間、48作もの作品を作り出してきた、その長続きの一因は、この近代日本に独特な、失われた近過去に対するノスタルジーが基本にある。欧米だったら作り得ない世界である。

以前、日本の劇作家からこんな話を聞いた。イギリスで、日本の田舎町にある古い映画館が消えてゆく物語を上演したら日本ではほど受けなかった。なぜかというとイギリスのような古いものを大事にする国では、古い映画館を残すのは当り前でそんなことは物語にもならないからだと分かった、と。彼我の違いである。

『男はつらいよ』のあの昔懐かしい家族の風景も、それがいまや日本の社会から消えつつあるからこそノスタルジーの対象になる。

新しさと懐かしさが共存

「おいちゃん」の家ではいつも卓袱台《ちゃぶだい》で食事をする。これこそ失われた良き家族風景の象徴といっていい。

「卓袱台のある暮し」は近代日本の庶民の暮しそのものだった。長谷川町子の『サザエさん』でも向田邦子のドラマでも、あるいは小津安二郎や成瀬巳喜男、木下

登場人物　**諏訪さくら**（倍賞千恵子）

車平造の娘で、寅次郎とは腹違いの妹。本名は櫻。高校卒業後、丸の内のオリエンタル電気に勤務していたが、寅次郎の仲立ち（？）で博と結婚。翌年、満男が誕生している。いつも兄を心配し、時にやさしく、時に厳しく接する。

恵介の小市民映画でも、家族の中心に卓袱台があった。それを囲んで食事をする。近代日本の大事な原風景といってもいいだろう。だから映画「三丁目の夕日」（東宝）はそれを再現してみせた。

卓袱台が一般に普及するのは大正時代。それまで普通に使われていた箱膳が関東大震災によって大量に焼失したのが普及の一因ともいう。何より大正デモクラシーによってそれまでの家父長的秩序が崩れたことが大きい。

箱膳には序列があるが卓袱台にはそれがない。家族みんなが平等に食卓を囲む。和気藹々とした雰囲気が生まれる。

実際、「おいちゃん」はおよそ家父長的威厳はない。かつての怖れられる父親とはまったく違う、愛すべき父親である。そして情にもろい。涙もろい。これは「おばちゃん」も同じ。いや、さくら（倍賞千恵子）も博も、そして寅も全員が情の人間である。

『男はつらいよ』では仲が良い家族だからこそ毎回のように喧《けん》嘩《か》が行なわれるが、「おいちゃん」がいちばん怒るのは寅に「冷たい人間」と言われた時。「よくも冷たい人間と言ってくれた」と泣いて怒る。情の人間であることをよくあらわしている。

世の中が厳しい競争社会、管理社会になってゆく時、まっさ

「純情篇」(第6作) より。卓袱台を囲む車家のメンバー
(1971年／監督:山田洋次／松竹)

きに失われてしまうものが情であることはいうまでもない。

「おいちゃん」「おばちゃん」の営む団子屋は個人商店である。『男はつらいよ』が回を重ねるうちに日本の社会では大型スーパーやコンビニが拡大してゆき、個人商店はどこの町でも苦戦を強いられるようになった。あちこちで「シャッター通り商店街」が見られるようになった。そんななかで団子屋は昔ながらの個人商店。この時代によくぞと健闘している。ここにも懐かしさ、ノスタルジーがある。

隣りのタコ社長の印刷工場も個人商店といっていい。寅もまた個人商店であることはいうまでもない。

柴又では誰もが大組織や権力に頼らず自前で生きている。セルフ・ヘルプ（自助）の精神を持っている。一見、古臭い人情の世界を描きながら『男はつらいよ』は個人を大事にしているという点で実は近代的な新しさを持っている。その新しさが懐かしさと共存しているところに『男はつらいよ』の面白さがある。庶民讃歌であると同時に、自分の力で生きようとする個人の讃歌になっている。

同時代のシリーズものにハナ肇、植木等らのクレージー・キャッツによる『クレージー』シリーズ（全14作）があるが、こちらは多くの場合、かなり大きな会社のサラリーマンが主人公になっていて明らかに個人を描く『男はつらいよ』とは違う。

同じ東宝の『若大将』シリーズでは、加山雄三演じる主人公は、銀座の老舗のすきやき屋の息子であり、しかもつねに新しい流行に敏感で、ノスタルジーとは無縁。

2つの同時代のシリーズと比較すると『男はつらいよ』の個人、庶民、そしてノスタルジーという特色がよりはっきりとする。

福をもたらす「まれびと」

寅はてきや（香具師《やし》）。世間一般のかたぎから見ればやくざである。実際、主題歌では「どうせおいらはやくざな兄貴」と歌われる。かたぎで地道な暮しをしている妹さくらに対する自己卑下の思いがこめられている。かたぎの人間に対して迷惑をかけてはいけないというのが寅のモラルになっている（しかし、しばしばそれに失敗するのだが）。

やくざという点では同時代の勝新太郎主演の『座頭市』シリーズ（全26作）と、高倉健主演の『網走番外地』シリーズ（全18作）に似ているが、『男はつらいよ』は暴力とは無縁。そもそも意外や寅は喧嘩が弱く第1作では博に押さえこまれるし、「フーテンの寅」（第3作／70年、森崎東《あずま》監督、マドンナ：新珠三千代）でもやはり博に投げ飛ばされている。

毎度のように美しい女性に惚れるが最後は振られてしまう。見栄を切るとたいてい失敗する。格好悪い。ヒーローに対して三枚目のアンチ・ヒーロー。

ただ、面白いことに旅に出た時の寅は立派である。柴又に帰ると甘えが出るのかつい羽目をはずしてしまうが、旅をしている時は真面目に稼業に励む。情にも厚く、旅芸人の一座から「先生」といわれたりする。

「寅次郎夢枕」（第10作／72年）の甲州路で立ち寄った旧家の女性（田中絹代）に

「男はつらいよ 寅次郎春の夢」（第24作）の啖呵売（たんかばい）。各作品で見せ場のひとつとなってきた（1979年／監督：山田洋次／松竹）

接する時の礼儀正しさはみごとなもの。

寅は自分をしばしば「渡世人《とせいにん》」と呼ぶ。「そこが渡世人のつれえところよ」が口癖になっている。「渡世人」はかたぎの人間とは違う。ひとつの場所に定着することなく、旅から旅へと放浪する。

長谷川伸の股旅ものの主人公と重なる（『座頭市』も『網走番外地』の主人公も放浪という点では似ている）。『男はつらいよ』は旅する寅と、柴又で地道に暮す「おいちゃん」「おばちゃん」やさくらたちとの対比が物語の核にある。やくざとかたぎ、放浪と定着。そして寅にいつも「地道」に生きるように教え諭す「おいちゃん」やさくらも心のどこかで放浪する寅を自由でいいなと思っている。放浪への憧れがある。

「寅次郎夢枕」では田中絹代演じる旧家の女性が寅に、昔よく寅のような男がぶらりと立ち寄って面白い話をたくさんしてくれた、女たちは彼が来るのを楽しみにしていた、という。放浪のやくざがここでは、異郷から現われて福をもたらす「まれびと」になっている。柴又のかたぎの人間たちも実は寅が帰って来て面白い話をするのを待っている。

歴史学者、網野善彦は名著『無縁・公界・楽－日本中世の自由と平和』（平凡社、78年）で、これまでのように定着民である農民の視点で歴史を見るのではな

「寅次郎と殿様」（第19作）の啖呵売。寅さんは本からぬいぐるみまで何でも売った（1977年／監督：山田洋次／松竹）

く、非定着民の目で歴史を見直すことが大事だといった。実際、日本の中世には、決まった土地も家も持たず自由に放浪する人々（いわゆる無縁の徒）がたくさんいた。

放浪の旅を愛する寅はまさにこの無縁の徒になる。放浪の僧や芸人、あるいは山から山へと旅する木地師《きじし》などと同じである。

さらに日本人には世捨人《よすてびと》への憧れがある。たとえば西行、良寛、あるいは渥美清が愛した放浪の俳人、種田山頭火《さんとうか》や尾崎放哉《ほうさい》らへの憧れがある。「うしろすがたのしぐれてゆくか」「分け入っても分け入っても青い山」（山頭火）、「咳《せき》をしても一人」「入れものがない両手で受ける」（放哉）に表現されている、世を捨てた一人の世界。そこに清涼な孤独を見る。

自ら俳句をよくしたという渥美清の句「お遍路が一列に行く虹の中」にもこの世捨人への思いが感じられる。

無欲、恬淡《てんたん》として放浪の旅をする寅は、この日本文化に脈々と流れる「まれびと」、無縁の徒、そして世捨人と重なっている。日本人が寅を愛するのはそのためではないか。

もはや高度経済成長が望めない平成の世ではまた新たに寅の魅力が増してくるのではないだろうか。

寅さんの人生論

寅さんの恋愛指南

あー、いい女だな、と思う。その次には話をしたいな、と思う。ねっ、その次にはもうちょっと長くそばにいたいな、と思う。そのうちこう、なんか気分が柔らかぁくなってさ、あー、もうこの人を幸せにしたいな、って思う。この人のためだったら命なんていらない、もうオレ、死んじゃってもいい、そう思うよ。それが愛ってもんじゃないかい。

「葛飾立志篇」（第16作）より

惚れられても身を引く恋愛哲学

よくもまあ、これだけ年がら年中、恋にうつつを抜かしていられる男がいたものである。多感な青年ならいざ知らず、寅さんは第1作の時点で30も半ばすぎの年格好なのだ。しかも、だ。恋を成就させているならともかく、おおかたはみじめな結末に終わっているのである。多少なりとも分別がついてしかるべきだろう。

文
岡村直樹
おかむら・なおき
1948年、東京都生まれ。旅行作家、川の旅人。『男はつらいよ』ゆかりの地を探訪し続ける寅さんファン。全国の川を訪ね歩き、後世に残したい川文化を探求し続ける。著書に『寅さん人生の伝言』（NHK出版）、『「清張」を乗る』（交通新聞社）などがある。

が、頭の回路が単純にでき上がっているせいか、二晩か三晩寝れば失恋の痛手も忘れ、新しい恋に向かってやみくもに突っ走っていく。いま、「失恋」といったけれど、一から十まで振られていたわけではない。逆のケースだって少なくない。

こんなエピソードがある。「男はつらいよ　寅次郎あじさいの恋」（第29作／1982年）が大阪・天王寺の映画館で上映されたときのこと。ほろ酔い機嫌の客もまじって、館内はびっしり。スクリーンには、寅さんに好意を寄せるかがり（いしだあゆみ）が、彼の寝床に忍んでくるシーンが映し出されていた。客席から「いてまえ、いてまえ」の掛け声があがった。すかさず別の観客が「アホ、寅はそういうことせんのがええとこやないか」と反論。館内は、映画そっちのけで爆笑の渦に包まれたという。

肝心かなめの場面でも、寅さんは寝たふりを通した。これでは、恋の実ろうはずはない。そもそも、彼は恋が成就することを望んでいるのだろうか。もしやと胸をとどろかせている段階こそが、寅さんの至福の時なのかもしれない。シリーズ半ばあたりまでは、自分の恋で手一杯であったけれど、中期以降になると、若い男女のコーチ役を買って出るケースが多くなる。「寅次郎恋愛塾」（第35作／85年）では、若菜ちゃん（樋口可南子）にぞっこんとなった民夫（平田満）に「色恋の道にかけては、俺の前では、お前はくちばしの黄色いヒヨコも同然」と大口をたたいている。さらには、次のような講釈もたれている。「いいか、恋というものはな、長続きさせるためには、ほどほどに愛するということを覚えないといけない」（「寅次郎の告白」第44作／91年）

「男はつらいよ　寅次郎恋愛塾」（第35作）。民夫に恋愛の手ほどきをする寅さん（1985年／監督：山田洋次／松竹）

「アリア」が堪能できる名場面

そういう寅さんは、ほどほどに愛したことなんてあるのか。まあいい。恋愛塾コーチのお手並みを「花も嵐も寅次郎」（第30作／82年）で拝見するとしよう。動物園のチンパンジー飼育係の三郎（沢田研二）と、デパートガールの螢子（田中裕子）の仲を取りもとうとする寅さんの奮闘記である。「どうすれば」ともちかける三郎に対し、まずは江戸川に散歩に行けとアドバイス。その先がふるっている。

「目にしみるような秋の空だ。ぽっかりと浮かぶ白い雲」「ピーヒョロ、ピーヒョロロ、トンビがくるりと輪をかいた。僕もあの雲といっしょに、知らない国へ行ってしまいたい」

ここから先、関係者が寅のアリア（独唱）と呼ぶ名場面を堪能できる。もっとも生徒である三郎、螢子のふたりは恋を実らせたが、コーチは生涯、独身を貫いたのだった。そんな寅次郎の恋愛アリアのなかでも珠玉の言葉が、ここに掲出した「愛とは何か」に対する答えである。

寅さんの漂泊の心得

はた目には気楽そうに見えるけど、
たとえば冬の寒い夜なんかね、なぜか寝つかれないようなときがあるだろ、

寅さんが愛した故郷・葛飾柴又

心の中を冷たい風が音を立てて吹きすぎて行くような気持ちになったりすることもあるよ。

「寅次郎わが道をゆく」（第21作）より

「風に聞いてみるのよ」

フーテンの寅は、お見かけどおりの渡世人。生まれ故郷にはめったに寄りつかず、旅から旅へのしがない稼業はもう何年になろうか。シリーズも数えて第42作「ぼくの伯父さん」（89年）において、寅さんはとっておきの名台詞《せりふ》を吐く。

佐賀県の旧家で彼とその家の主婦（檀ふみ）が別れ際にかわす会話である。

「寅さん、これからどちらへ？」

「そうですねえ、風の奴が……」

と唇で湿らせた人さし指を宙に立てて、

「東から西へ吹いていますんでね、西の方へでも行きますか」

「わあ、私もそがん旅がしてみたか」

若いころの寅さんであれば、ここは肩で風を切って立ち去る場面だろう。内心、次のようにつぶやきながら。——男と生まれたからにゃ、額に汗して働くなんざ愚の骨頂、その日その日を面白おかしく生きてゆくのよ。妻子？　そんな面倒なもんは持ち合わしちゃあおりません！

しかし、彼はもう初老といっていい年齢にさしかかっている。あてどない旅暮らしの表も裏も知りつくしている寅さんは、つけ加えずにはおれない。

「へへっ、もののたとえですよ。早い話が根無し草みたいなもんですからね」「恥ずかしきことの数々」に居たたまれず、「もう二度と帰っちゃこねえよ」と飛び出した柴又ではあるが、異郷の空にあって、しきりに思い出すのは故郷のことである。さくらと博は仲よくやっているか。おいちゃん、おばちゃんは達者でいるか……。『男はつらいよ』シリーズの眼目のひとつは、寅さんの放浪ぶりと、定住者である「くるまや」一家の暮らしぶりとの対比にあるのかもしれない。

普通の暮らしに憧れる寅さん

地と空の接するあたりが茜色に染まるころ、帝釈天の鐘の音がひびきわたる。それをしおに、それぞれの家に灯りが入り、夕餉《ゆうげ》の膳を囲む。膳に乗っているのは芋《いも》の煮っころがしやアジの開きかもしれない。たとえわびしげな食事であろうとも、一家そろって夕餉の膳を囲むという、平凡な営みにこそ幸福はあるのではないか。

一方の寅さんはどうか。旅先の昼食はとんかつ定食とお銚子一本、しめて490円ですませ（「寅次郎紙風船」第28作／81年）、懐がさびしくなるとあんパンにかぶりつく。夜は夜で、天井に雨漏りの跡がはっている安宿でひとり寝をかこつ。隣室のすったもんだが筒抜けの部屋で、けばだった畳にぽつねんと坐《すわ》っているのは実に情けないものだ。ねぐら定めぬ渡世人の心のうちに、ふっと後悔の念がきざすのはこんなときである。

「行く先？　風に聞いてみるのよ」と粋がってはきたが、いまさらながら地道に暮らしてこなかったことが悔やまれる。だが、すでにやり直しのきかない年格好だ。風に追い立てられるように、旅を急ぐ寅さんの後ろ姿に悲哀が漂う。掲出した言葉はそんな心を代弁する台詞である。

寅さんの酒席の嗜み

まず片手に盃《さかずき》をもつ。酒の香りをかぐ。
酒の匂いが鼻の芯にジーンとしみ通ったころ、おもむろに一口飲む。
さあ、お酒が入ってゆきますよということを五臓六腑《ごぞうろっぷ》に知らせてやる。
なぁ、そこで、ここに出ているこのつきだし、
これを舌の上にちょこっと乗せる。
これで酒の味がグーンとよくなる。それからチビリ、チビリ……。

「ぼくの伯父さん」（第42作）より

飲むほどに気が大きくなる

「飲む、打つ、買う」の三拍子そろっている者を極道者《ごくどうもの》というのなら、寅さんは極道者ではあるまい。実のところ、彼は童貞じゃあるまいかと疑いたくなるほど女性には潔癖だし、「打つ」のもまれだからだ。残りのひとつ、酒席での飲みっぷりはどうだろうか。

「白玉の歯にしみとほ《お》る秋の夜の酒はしずかに飲むべかりけり」と詠んだ若山牧水は、ひとり静かにしみじみと酌む酒を愛した。同じ旅人とはいっても、われらが寅さんは独酌は苦手らしい。

酒徒には泣き上戸、笑い上戸、むやみにからむ、罵倒することに終始するヤカラなど、さまざまなタイプがある。彼の酒は、飲むほどに酔うほどに気が大きくなるタイプのそれで、旅先での酒はおおかた、芸者をあげてのドンチャン騒ぎに。懐に万札をしのばせていることなどないくせに、むやみに金離れがよろしい。

「寅次郎純情詩集」（第18作／76年）を例に引こう。長野県の別所温泉で、ひいきの旅役者の一行に出くわした寅さん、太っ腹なところを見せようというのだろう、座員一同を旅館に招いて大盤振る舞い。だが、先立つものが足りなかった。無銭飲食のカドでブタ箱入りとなり、さくらが引き取りに出向いてくるていたらくである。身のほど知らずもいいところだ。兵庫県龍野市（現・たつの市）では、日本画壇の重鎮・池ノ内青観（宇野重吉）の歓迎パーティーに同伴し、芸者のぼたん（太《たい》地《ち》喜和子）と意気投合、中締めもすんだというのに延々と飲み続けていたっけ。（「寅次郎夕焼け小焼け」第17作／76年）

「胃袋が驚くよ、それじゃ」

恋も酒もほどほどということを知らない男のことだ。臨界点までゆかねばやまずで、翌朝はひどい二日酔いなんてのはざら。二日酔いのあとの自己嫌悪にさいなまれた経験かどうかは当てにならないけれど、馬齢を重ねるにしたがって、彼

第17作「寅次郎純情詩集」には別所温泉と上田交通（現・上田電鉄）が登場する。写真は現在の別所温泉駅のホーム

の酒も猥雑さが薄れてくる。シリーズも終盤に近い「ぼくの伯父さん」(第42作／89年)にいたると、満男に酒の飲み方に関する講釈までたれる。飲む店も、焼き鳥屋とは打って変わって、どじょう屋に昇格している。

「まず、片手に盃をもつ。酒の香りをかぐ」

ここで盃を鼻に引き寄せ、左右にゆらしつつ、

「酒の匂いが鼻の芯にジーンとしみ通ったころ、おもむろに一口」と言って酒を飲んでみせる。

「さぁ、お酒が入ってゆきますよということを、五臓六腑に知らせてやる。なぁ、そこで、ここに出ているこのつきだし、これを舌の上にちょこっと乗せる。これで酒の味がグーンとよくなる。それからチビリ、チビリ……。だんだん酒の酔いが身体にしみとおっていく。それを何だ、お前、かけっこしてきた奴が、サイダー飲むみたいにグーッと飲んで、胃袋が驚くよ、それじゃ」

大学生がコンパで一気飲みし、急性アルコール中毒で倒れるケースは知らないんだろうな、寅さんは。

寅さんの学問のススメ

インテリというのは自分で考えすぎますからね。

そのうち俺は何を考えていたんだろうって、わかんなくなってくるんです。

登場人物

諏訪満男
(1～26作＝中村はやと、27～48作＝吉岡秀隆)

さくらと博の一人息子。堅実な両親のもとで育ち、シャイな性格。夢は音楽家だったが、大学卒業後に靴メーカーに就職。成長するにつれ、行動様式が伯父に似てくる。

つまりテレビの裏っ方でいいますと、
配線がガチャガチャに混み入っているわけなんですよね。
ええ、その点、私なんか線が1本だけですから……。

「フーテンの寅」(第3作)より

東大入試となったインテリ論

寅さんは、校長の頭を張り飛ばして中学校を中退した。それからというもの、勉学とはとんと縁がない。のち、定時制高校に入学願書を出したことがあるにはあるが、これとて勉学を志したわけではない(「寅次郎かもめ歌」第26作/80年)。マドンナの尻馬に乗ったにすぎない。はたして、学歴上のハンデが彼の大脳皮質にどれだけ刻みこまれているものか。

かつて窮地を救ってくれた山形県の女性の墓に詣でた寅さんは、学問がないばかりにつらい思いをしたと、寺の住職(大滝秀治)に訴える(「葛飾立志篇」第16作/75年)。自分をバカだという寅に、

「いやぁ、それは違う。おのれの愚かしさに気がついた人間は、愚かとはいいません」

住職はさらに説く。

「あなたも学問なさるといい。『四十の手習い』といってな、学問をはじめるのに早い遅いはない。ねぇ、師のたまわく、『朝《あした》に道を聞けば、夕《ゆうべ》に死すとも可なり』」

すっかりその気になった寅さんが柴又に帰ってみると、2階の自分の部屋に若

い女性が間借りしているではないか。考古学を専攻する大学の助手・礼子（樫山文枝）だった。メガネが似合うインテリである。

あっという間に熱をあげた彼は、礼子の歓心を買いたいばかりに伊達《だて》メガネはかけるわ、歴史を学びはじめるわで、奮闘努力を重ねる。一念発起してはみたもののの、惜しいことに基礎というものができていない。学問に必須の粘り強さにも欠ける。しょせん、長続きするものではなかった。

「寅次郎サラダ記念日」（第40作／88年）での〝前科〟を引こう。島崎藤村の詩「小諸なる古城のほとり　雲白く遊子悲しむ」の「遊子」を「勇士」と勘違いし、マドンナの女医（三田佳子）を笑わせていた。しかし、学問に向かないからといって、悲観するにはおよばないのではあるまいか。寅さんが「フーテンの寅」（第3作／70年）で語ったインテリ論が、92（平成4）年度の東大の入試問題に出題されたことだってあるのだ。「彼のインテリ論について感じたこと、考えたことを200字以内に書け」というものだ。

「寅さんみたいになっちゃうよ」

いまや、寅さん流の発想法、ひいては人生哲学を理解できぬ者は、大学の門さえ叩けぬのだ。学歴、金銭、名誉、地位――どれひとつとしてもたぬ寅さんだが、礼子の指導教授、人間国宝の陶芸家、画壇の大家、殿様らの揺るがぬ信頼を勝ち得ていたではないか。満男は、伯父さんを評してこう言っている。

「伯父さんのやることは、ドン臭くて常識はずれだけど、世間体なんか全然気にしなくて、おべっか使ったり、お世辞を言ったり、伯父さんは絶対そんなことしないもん」（「柴又より愛をこめて」第36作／85年）。

柴又のかみさん連は、「遊んでばっかりいると、寅さんみたいになっちゃうよ」とわが子を叱り飛ばしていたが、山形の住職の言葉をいま一度吟味してもらいたい。博士や大臣の地位を望むことまでは否定すまい。だが、それが私利私欲を図る手段であっては、孔子はさぞ嘆くだろう。

寅さんの青春論

私のようなでき損ないが、こんなことを言うかと笑われるかもしれませんが、私は甥の満男は間違ったことをしていないと思います。慣れない土地へ来てさびしい思いをしているお嬢さんをなぐさめようと、両親にも内緒ではるばるオートバイでやってきた満男を、私はむしろよくやったと誉《ほ》めてやりたいと思います。

「ぼくの伯父さん」（第42作）より

満男の「青春」を後押し

シリーズが深まるにつれ登場人物は老いていく。そんななかで、前途に光明を見る思いにさせてくれるのが満男の成長。大人の年齢がわかりにくいのに反し、満男の場合は1作ごとに背丈が伸び、学年も上がるから、成長ぶりが分かる。

満男の成長に焦点を当てると、「浪花の恋の寅次郎」（第27作／81年）が節目だ。満男役が中村はやとから吉岡秀隆にバトンタッチされたからだ。さらに、「ぼくの伯父さん」（第42作／89年）以降、満男の出番がグンと多くなる。それにつれて、舞台は「くるまや」からさくらの家へと重心を移す。

寅さんにとって満男はたったひとりの甥っ子だが、生い立ちが天と地ほど違う。堅実な博とさくらに、存分な愛情を注がれて育ってきた。実母と生き別れ、父親に頭から血を出すほどぶん殴られた寅さんのようにグレたりはしなかった。

まっとうに育ち上がった満男とて、ひとりの男である。思春期にさしかかれば、迷い、悩む。親にも打ち明けられず、ひとり悶々とする。それこそが青春というものの実相なのだろう。青春を「青い春」などと言ったのはどこのどいつだ――満男としてはこう叫びたいところだ。一家は重苦しい空気に支配されていく。そそして、親子の対立の第一幕が上がる。予備校へ出がけの満男とさくらの会話である。満男は寅さんの生き方をうらやましがって、レールの上を走るような味気ない生き方を批判する。

「伯父さんは、そういう生き方を否定したんだろ」「なーに言ってんの。伯父さんは、否定したんじゃなくて、否定されたのよ、世の中に」（「寅次郎心の旅路」第41作／89年）

それでも、彼が思案に余る悩みごとをぶつけるのは寅さんであって、両親や友人ではない。

満男の胸に燃え盛っているのは、ブラスバンド部の後輩の泉（後藤久美子）への思慕。それもプラトニックな思いというよりは、若い男に巣食う性の衝動なのだ。衝動をもて余す満男は「俺に女の人を愛する資格なんかないよ」と自嘲する。訴えを聞いた寅さんは、甥っ子の正直さをほめ、その娘を好きだったら「そんなことは気にするな」とエールを送る（「ぼくの伯父さん」第42作／89年）。

「青年、行け！」

彼は春秋に富む身。人生は先が長いのだ。果実が一日にして熟すことがないように、青臭い時代をくぐり抜けないことには、後年の成熟には至らないのである。

「がんばれ、満男。ここがふんばりどころだぞ」――純朴な青年を身内同然に思い始めている観客は、そう言って励ましている自分に気づくのではあるまいか。そして、寅さんから決定的なひとことが飛び出す。

「青年、行け！」（「寅次郎の休日」第43作／90年）

寅さんの処世術

何ていうのかな。ほら。

あー生まれてきてよかったと思うことが何べんかあるだろう。

そのために人間生きてんじゃねえのか。

「寅次郎物語」（第39作）より

そうさなぁ、旅先でふるいつきてぇような、いい女と巡り会うことさ。

「寅次郎心の旅路」（第41作）より

エリートの生き方を変える一言

寅さんと心身症に悩むサラリーマン（柄本明）を結びつけるきっかけをつくったのは、鉄道だった（「寅次郎心の旅路」第41作／89年）。宮城県北部を走っていた地方私鉄「栗原電鉄」（2007年廃止）である。タブレット（通票）を交換し、乗車券も手売りの硬券という、時代がかった路線である。竜宮城から現世に舞い戻ってきたような寅さんにふさわしい鉄道だ。

検札に回ってきた車掌（笹野高史）と与太話をしていたところ、列車はだしぬけに急停車。何ごとならんと見れば、サラリーマンが自殺を図ったのだ。九死に一生を得た自殺願望の男は、気ままな旅暮らしの寅さんに接しているうちに、働きづめに働いてきたおのが人生に、ふっと疑問を抱く。そして、問いかける。

「あなたにとって、何でしょうか、生きがいというのは」

「そうさなぁ、旅先でふるいつきてぇような、いい女と巡り会うことさ」

とっておきの決め台詞を吐いたあと、行く先をたずねられた寅さんは答える。

「吹く風に聞いてみるさ」

第41作「寅次郎心の旅路」で登場した栗原電鉄。晩年は第三セクターの「くりはら田園鉄道」として気動車で運転された

この一言は、身も心も組織に捧げてきた男の生き方を大きく変えた。以後、彼は寅さんにつきまとい、あげく、ふたりしてウィーンへと旅立つ。

見ず知らずの他人でも気安く声をかける向日性、それこそが寅さんの真骨頂。誰とでも打ちとける。「寅次郎サラダ記念日」（第40作／88年）では、長野県は小諸駅前のバス停で、ひとりの老婆（鈴木光枝）と親しく口をききあう。事情を聞けば、彼女はわびしいひとり暮らし。見るに見かねて、老婆とともにバスに乗ってしまう寅さんである。

相手がいかなる人間であろうと、態度は不変である。京都では、下駄の鼻緒をすげ替えてやったことから陶芸家（十三代目片岡仁左衛門）と知り合うが、このご仁《じん》が何と人間国宝という大物（「寅次郎あじさいの恋」第29作／82年）。寅さんはそうと知っても、「じいさん」呼ばわりし続ける。人間国宝ともなれば、うまく取り入って甘い汁を吸おうという人間が群がってくる。ところが寅さんには、そんな卑しさがこれっぽっちもない。大先生の寅さんへの信頼はいや増すのであった。

寅さんの性格の「秘密」

あけっぴろげな彼の性格はもって生まれたものだろうけれど、帝釈天の門前町に育ったことが多少なりとも作用しているのではあるまいか。「くるまや」は、帝釈天参道に江戸時代から店を構える団子屋。せんべいや佃煮を商う隣近所も同様の老舗ばかりである。この町に住む住人のあいだでは、味噌《みそ》や醤油《しょうゆ》の貸し借りは日常茶飯。おいちゃんの病いが本復すれば快気祝いをもち寄り、家出していた満男が帰宅したとなれば､温かく迎える。「くるまや」の裏手で印刷工場を営むタコ社長など、挨拶もせぬまま出入りする。

『男はつらいよ』に描かれる柴又は、一人ひとりは弱い人間が、互いに助け合って生きてゆこうとする人たちが暮らす社会なのだ。そんな柴又に生まれ育った男が、他人とのつき合いをおっくうがるはずはない。

寅さんの触れ合い術

こんなちっちゃな灯《あか》りが、こう、遠くへ遠ざかっていってなぁ。あの灯りの下は茶の間かなぁ。もう遅いから子供たちは寝ちまって、父ちゃんと母ちゃんふたりで、しけたせんべいでも食いながら、紡績工場に働きに行った娘のことを話しているんだよ、心配して。暗い外を見て、そんなことを考えていると、汽笛がボーッと聞こえてよぉ、何だかふっと、こう涙が出ちまうなんて、そんなこと、あるよなぁ。

「寅次郎忘れな草」（第11作）より

運命の出会いの名台詞

「寅次郎忘れな草」（第11作／1973年）で北海道に渡った寅さんは、札幌発網走行きの夜行急行「大雪《だいせつ》」に乗る。「大雪」の前身がデビューしたのは34（昭和

9）年と古いが、「大雪」と命名されたのは51（同26）年のこと。73（同48）年の撮影当時、「大雪」はA・B寝台、グリーン車も連結した豪華列車であった。

夜行列車は、必ずしも寝台車を連結していたわけではない。その全盛期だった昭和30〜40年代でも、むしろ座席車のほうが多いくらい。東京〜西鹿児島（現・鹿児島中央）間の急行「桜島・高千穂」（1975年廃止）などは、すべて座席車だった。この列車を乗り通すとまるまる1日かかる。いやはや、昭和世代の我慢強さには頭が下がる。

寅さんは、裂きイカで一杯やりながら、退屈きわまる一夜をやり過ごそうとする。ふっと振り返ると、派手な身なりの女が涙ぐんでいるのが目にとまった。リリー（浅丘ルリ子）である。

翌日、ふたりは初めて口をきき合った。リリーはドサ回りの歌手だという。旅暮らしという点では、自分と同じ稼業ではないか。たちまち意気投合したふたりは、妻子を残して漁に出る漁船を目にしながら語り合う。

リリー「兄さんなんか、そんなことないかなぁ。夜汽車に乗ってさ、外見てるだろ。そうすっと、何もない真っ暗な畑の中なんかにポツンと灯りがついてて、ああ、こういうところにも人が住んでいるんだろうなぁ、そう思ったらなんだか急に悲しくなっちゃって、涙が出そうになる時ってないかい？」

寅さん「ううん、こんなちっちゃな灯りが、こう、遠くへ遠ざかっていってなぁ。あの灯りの下は茶の間かなぁ。もう遅いから子供たちは寝ちまって、父ちゃんと母ちゃんふたりで、しけたせんべいでも食いながら、紡績工場に働きに行っ

第11作「寅次郎忘れな草」で寅さんとリリーが初めて出会った夜行急行「大雪」。映画の公開と同時期に撮影（撮影／南正時）

た娘のことを話しているんだよ、心配して。暗い外を見て、そんなことを考えていると、汽笛がボーッと聞こえてよぉ、何だかふっと、こう涙が出ちまうなんて、そんなこと、あるよなぁ。わかるよ」

「はやぶさ」に乗った寅さん

ふたりがA寝台やグリーン車に身を横たえていたなら、おそらくは口に出ない台詞だろう。悲しげに響く夜汽車の汽笛は、浮き草稼業の身にはずんとこたえるのだ。ふたりは黙しがちに海を眺めるのだった。

そんな寅さんは「恥ずかしきことの数々」をしでかして柴又出てゆく。おおかたは夜分のことであるから、夜汽車にはずいぶん世話になっているはずだが、夜汽車に乗っているシーンは存外少ない。

数少ない作品が「寅次郎の休日」（第43作／90年）だ。満男（吉岡秀隆）の恋人・泉（後藤久美子）の母親・礼子（夏木マリ）は、クラブの雇われママで、熟れきった桃のように妖艶な女性である。家出した泉とともに新幹線に乗り込んでしまった満男を捜すため、寅さんは礼子とともに、大分県日田市をめざして寝台特急「はやぶさ」に乗ったのである。

昭和の時代を物語る寅さんのキーワード

COLUMN 01

1

文／南 正時

たばこ

『男はつらいよ』シリーズで、もっとも昭和を感じるのは意外にもたばこ。設定では、おいちゃん、博、タコ社長は愛煙家であり、特に茶の間の団欒《だんらん》には、話の接ぎ穂としてたばこが頻繁に登場する。昭和30年代、たばこはごく一般的な嗜好《しこう》品として市民権を得ていた。1957（昭和32）年には「今日も元気だ。たばこがうまい！」といったキャッチ・フレーズまで生まれ、たばこの害が取りざたされる現在とは、隔世の感がある。「葛飾立志篇」（第16作／75年）では、小林桂樹扮する田所教授のたばこの煙でスクリーンがヤニ臭く感じられるほどだった。しかし、平成になると流れは愛煙家にはつらい方向に向かい、「寅次郎紅の花」（第48作／95年）での喫煙場面はわずかに3回（満男2回、リリー1回）となった。

風呂

「くるまや」の風呂は台所の奥にある。木製の浴槽で、ガスではなくまきをたく日本伝統の和式風呂。「寅次郎相合い傘」（第15作／75年）では、寅さんがリリーのために風呂を沸かすシーンが見られる。

テレビ

こちらも意外だが、テレビもまた、寅さんのライフ・ラインのひとつである。54（昭和29）年に本放送を始めたテレビは、瞬く間に日本の茶の間を席巻した。当時のブラウン管の画面、手回し式チャンネルのテレビは高価で、ビロードのカバーが掛けられていた。「純情篇」（第6作／71年）の、食堂の古びたテレビで柴又の家族の姿を眺める寅さんの姿が印象的である。「寅次郎紅の花」では、冒頭、阪神・淡路大震災の被災地の中継に映った寅さんが家族に無事を知らせることになる。

電話

寅さんのライフ・ライン、電話（固定電話と公衆電話）もまたシリーズで重要な役目を担う。「とらや」の電話は懐かしいダイヤル式の黒電話。映画では緑電話や黄色電話も見られるが、寅さんの好きなのは10円玉でかかる赤電話（54年登場）。第48作の「寅次郎紅の花」が公開された95（平成7）年にテレホン・カードが発行されたが、もちろん寅さんは使っていない。同作品では、寅さんがコードレス電話に驚く場面が印象的だ。スマートフォンや携帯電話が固定電話を凌駕《りょうが》した現在から考えれば、電話もまた古き良き昭和の象徴のひとつである。

電気冷蔵庫と電気釜

今では、単に冷蔵庫、炊飯器と呼ばれる2点もまた、頭に電気と名のあるところが、まさに昭和である。映画でも、初期の時代には1枚ドアの冷蔵庫（内部の上段に製氷機がある）が登場する。そして、その上に電気釜。のちに、冷蔵庫は2ドアに変わり、その上には電気ポットが乗っている。

第2章

寅さんの足跡をたどる旅

全50作の『男はつらいよ』シリーズ。その作品の性質から全国津々浦々、数多くのロケ地がある。寅さんが旅した足跡をたどる旅のなかから、備中高梁《びっちゅうたかはし》、別所温泉、伊《い》予《よ》大洲《おおず》のロケ地巡りの模様をお届けする。

備中高梁と蒸気機関車

白神食料品店・諏訪家・油屋

陽陰連絡鉄道・伯備線

寅さんを誘った伯備線は山陽本線と山陰本線を結ぶ、いわゆる「陽陰連絡鉄道」の役割を果たす鉄道では最も重要で便利な路線となっている。1982(昭和57)年7月に電化が完成し、381系電車による特急「やくも」のほか、首都圏と出雲を結ぶ寝台特急「サンライズ出雲」が直通運転されている。

備中高梁は「男はつらいよ　寅次郎恋歌」(第8作／71年)と、伯備線電化直後の「口笛を吹く寅次郎」(第32作／83年)と、シリーズの中で唯一、二度にわたってロケが行われ、それぞれ伯備線が登場している。「寅次郎恋歌」のロケのときは、まだD51形が現役。私もこのD51形を追って、何度か伯備線を訪れた。山田洋次監督は「寅次郎恋歌」の中で、高梁の古き町中を走るD51形を効果的に使っている。

「サンライズ出雲」で旅立ち

文

南正時
みなみ・まさとき
1946年、福井県生れ。鉄道写真家。内外の鉄道書の著書多数。近著『南正時・鉄道大百科の時代』(実業之日本社)『寅さんが愛した汽車旅』『寅さんDVDマガジン』連載(講談社)『いま乗っておきたいローカル線』(自由国民社)、BSキャノンプレミアムアーカイブス「写真家たちの日本紀行」NHK「極める!」などテレビ、ラジオ番組も多数出演。日本旅行記者クラブ会員

岡山から総社まで乗車した吉備線のキハ40系

撮影、特記以外すべて／坪内政美

まだ、残暑が厳しい季節に備中高梁を訪れることになった。新幹線か在来線で行こうか迷ったあげく、編集部が用意してくれたきっぷは夜行列車の「サンライズ出雲」。この列車は豪華寝台特急で、およそ寅さんの旅ではありえないぜいたくな列車であるのだが……。

「新幹線？　ありゃ、目が回るからダメ」とかたくなに新幹線を拒否していた寅さんだから、彼が愛用した夜行列車ならなんとか妥協できると思い、東京駅発22時の寝台特急での旅立ちと相成った。

ところが取材当時、この列車は肝心な目的地の備中高梁には停車しない。備中高梁には岡山から30分後に出る「やくも1号」に乗り換えることになるのだが、みすみす特急料金をダブルで払うよりは、ここであえて寅さん愛用の各駅停車を利用して備中高梁に行こう。それではと、岡山と総社を結ぶ「短絡線」の吉備線を利用することにした。

「口笛を吹く寅次郎」では冒頭に吉備線に揺られる寅さんの姿があった。寅さんは義理堅く、しっかりローカル線を選んでいたのである。ちなみに登場する気動車はキハ30系で、後日スタッフに聞けばスケジュールが押して関東近郊の「相模線」でロケしたとのことだ。この別撮りは映画の中ではよくあることなので私は気にしないが、「テツ」にしてみれば車両に違和感を感ずるであろう。

朝食を済ませて備中松山城へ

総社で伯備線の電車に乗り換えて、備中高梁に到着したのは午前8時を回って

伯備線備中高梁駅。総社から伯備線の列車に揺られて到着

いた。改札口で写真家の坪内政美氏が、出迎えてくれた。坪内氏は四国をフィールドに活躍しているカメラマンで、今回の旅では私は撮るよりも撮られる側で3日間にわたり、私の「寅さん流」の旅を追って撮ってもらうことになっている。

とりあえず腹ごしらえというわけでのれんをくぐったのが、駅前食堂「なりわ屋食堂」。朝7時から営業している、純正駅前大衆食堂なのがうれしい。

「温かい味噌汁さえありゃ十分よ。あとはお新香、海苔《のり》、タラコひと腹、ね、辛子の効いた納豆。これにはね、生ネギきざんでたっぷり入れてくれよ……（いろいろ出てくる）、あとは塩昆布に生卵でも添えてくれりゃ、もう、おばちゃん何もいらねぇな、うん」とおばちゃんを困らせた、寅さん好みの朝食メニューが再現された朝めしとなった。

朝めしを済ませて、高梁市内が一望できる標高420mの臥牛山《がぎゅう》にそびえる備中松山城に向かう。過去2度も城には登っているのだが、かつてはスイスイ登った山道も66歳の身にはこたえる急な険しい道だった。

備中高梁は、かつて高梁川を高瀬舟が往来し、この地方の物流の中心地として栄えた。市内を見下ろす臥牛山には高梁のシンボル・備中松山城の天守が風格を備えてたたずんでいる。江戸時代の情緒を残す本町《ほんまち》町家通りの古い街並みは城下町の風情をかもし出し、その古き良き街並みと人情に魅せられた山田洋次監督は寅さんを二度にわたって高梁に登場させたのである。

こだわりのSL走行シーン

颱一郎が寅さんと歩いた紺屋川沿いをそぞろ歩く

市内に戻り「寅次郎恋歌」に登場した街並みへロケハンを兼ねて散策する。この作品では博の父親・諏訪飈《ひょう》一《いち》郎《ろう》を演ずる名優・志村喬と、寅さんの共演が印象的だった。諏訪家に居候を決め込んだ寅さんが、着流しに茶羽織姿のラフなきものを着て買い物籠を持った飈一郎と買い物に行くシーンがある。紺《こう》屋《や》川沿いの「白神食料品店」で寅好みの辛口の酒を買って、相生橋界隈を歩くシーンがなんとも微笑ましい。この白神食料品店は、「口笛を吹く寅次郎」では杉田かおるが演じた「ひろみ」の実家。ひろみの運転するバイクにも「白神食料品店」の文字が入っている。今も当時と変わらぬままの店先を構えており、お訪ねすると白神敏男・明恵さんが、

「寅さんの映画に出して頂いたおかげで、ファンの方が今も訪れて頂いていますよ。当時と店は変わらないままです。杉田かおるさんは、私たちの娘役で出演されました」とうれしそうに応対してくださった。

紺屋川をさかのぼって武家屋敷の方角に歩くと、博の実家「諏訪家」に使われた「岡村邸」があり、この細い道を振り返ると伯備線が路地を横断するように見える。「恋歌」では寅さんと飈一郎が買い物に向かう行く手をD51形が黒煙を上げながら驀進するシーンが印象的だった。10年後の「口笛を吹く寅次郎」では、電化直後の同ポジションを381系「やくも」が瞬時に通過する。寅さんの10年の歳月を新旧の鉄道で表した名シーンである。

最近になって山田洋次監督と鉄道談義をさせて頂いたおりに、そのこだわりのシーンをお聞きすると「そうか、ちゃんと見てくれている人がいたんだ……」と

杉田かおるが演じた「ひろみ」の実家として登場する「白神食料品店」

うれしそうに対応してくれた「白神食料品店」の白神さん

感慨深げに話された。

山田監督は、このD51形をあたかも共演者のひとりとして画面に取り入れてこだわりの走行シーンを撮っている。

ここは電車よりも、貨物列車の方が「絵」になりそう。本編では力闘するD51だったから、夕方に通過するEF64形が牽引する貨物列車を撮影の対象とすることにした。

油屋から武家屋敷通りへ

今夜の宿の高梁川に面した老舗旅館「油屋」に旅装を解いた。280年もの歴史を誇る木造3階建ての宿で、1910（明治43）年に当地に建てられ、26（大正15）年に伯備線が開通するまでは高梁川の水運によって発展してきた。

「10年経って、高梁は変わりましたか？」

「いいえ、変わっていませんよ」

「東京はすっかり様変わりです」

これは第32作のロケに訪れた山田監督と、大女将の赤木啓子さんとの玄関先での会話である。

「山田監督は、この落ち着いた高梁の町は第8作のロケの時にとても印象深いものがあったようです……」と赤木さんが言う。

通された部屋は山田監督、渥美清さん、黒澤明監督、早乙女貢さんなど文人墨《ぶんじんぼっ》客《かく》がお気に入りの1階「ひあんの間」だった。次の間にある古風な姿見の前で、

颱太郎の買物シーンを真似て撮影。D51形の代わりにEF64形が牽引する貨物列車が駆け抜けて行った

武家屋敷のロケに備えて持参の和服に着替える。武家屋敷では志村喬の茶羽織姿に買い物籠姿が長く気持ちの中にあったので、ここは私のこだわりで撮ってもらうことにした。

夕方になって雨が降ってきた。

「いいですねぇ、しっとりした城下町の雰囲気が撮れますよ」とカメラマンの坪内さんが言う。下駄履きにこうもり傘を手に武家屋敷の「岡村邸」の前に立つと、気分はすっかり志村喬の飈一郎になりきっていた。坪内さんのカメラポジから、高羽哲夫さんがアリフレックスを廻しているような気がしてきた。

踏切が列車の接近を知らせると、坪内さんの「ハイ！　本番」の声が背後から聞こえてきた。雨の中、ハイビームを輝かせた列車の通過を見送る。まるで私が「寅さん」映画のワンシーンの中にいる、陶酔した気持ちになっていた。

寿覚寺・蓮台寺（薬師院）・方谷林公園

寺で繰り広げられる珍騒動

「寅次郎恋歌」ではＤ51がさまざまなシーンで寅さんに絡む。伯備線からＤ51形が引退して無煙化されたのは１９７３（昭和48）年４月だから、本編が制作されたころはまだＤ51形が旅客列車にも使用されていた。母の危篤で急きょ、備中高梁に帰省した博とさくらが乗った列車もＤ51形の牽く旧型客車による旅客列車

第32作『男はつらいよ』で登場した老舗旅館「油屋」は木造3階の風情ある旅館だ

解説

油屋旅館

「口笛を吹く寅次郎」（第32作）で博の父・飈一郎の三回忌法要で、博夫婦たちが泊まるのが高梁市内に実在する「油屋旅館」である。木造3階建ての老舗旅館で高梁川の水運と共に歩んできた宿である。館内では博夫婦と博の兄たちの家族会議の様子や、満男と従兄弟が庭園の池で遊ぶシーンなども撮影された。

だった。

葬儀の日、武家屋敷通りの諏訪家の玄関先で参列者の後方をD51形が通過する。D51形はまだ全容を現さず、車体上部が見えるだけだった。墓所での納骨のシーンでは、諏訪家一同と住職たちが勢ぞろいして記念写真を撮るシーンがある。一番遠縁の寅さんがカメラのシャッターを切ることになるのだが、アサヒペンタックスを構えつつ、

「じゃぁ、みんな、ハイ、写しますよ。ハイ、笑ってぇ」

さくらが慌てて、

「何てこと言うの、笑ってということはないでしょ。お墓の前で」

「あっ、そうか、ついうっかりしましてすいません。もういっぺんやります。……ハイ、泣いてぇー」

すかさず一同の背後を土塀越しにD51形が通過するが、塀越しに煙が左から右に移動するだけで、ここでも本体を見せてくれない。私はおいちゃんじゃないが、「バカだねぇ」とD51形がせせら笑っているような気がした。このシーンを映画館で見たときの場内大爆笑をご想像戴きたい。やがてD51形がその全容を現すのが、くだんの颯一郎と寅が買い物に出かける武家屋敷通りのシーンなのである。

この爆笑シーンは、伯備線の線路に近い寿覚院《じゅかくいん》で行われた。高台の墓所からは線路が望まれるが、山田監督はあえてカメラアングルを水平のまま通過するD51形の煙だけを撮った。

墓所や土塀はすっかり整備されて当時の面影は薄れていたが、寅さんがカメラ

「ハイ、笑ってぇ」と言ってしまった納骨シーンはここで撮影された

を構えていた所にはほほ笑みを浮かべた一体の地蔵がたたずんでいた。どこか寅さんの笑顔を彷彿《ほうふつ》させる可愛い仏様だった。私はデジタルカメラを向けて「はい、笑ってぇ」と言いつつシャッターを切った。

私も「バカだねぇ」。

寿覚院からの小径を行くと、まるで城郭を思わせるような古刹《こさつ》にたどり着く。「瑠璃山泰立寺薬師院《るりさんたいりゅうじやくしいん》」備中西国三十三所観音霊場第三番札所。「口笛を吹く寅次郎」では蓮台寺として登場する。第8作から10年を過ぎて飈一郎は、この寺の墓所で眠っている。

飈一郎の墓参りを済ませた寅さんが境内で寺の娘・朋子（竹下景子）に一目惚れ、住職（松村達雄）にも気に入られて納所《なっしょ》（庶務役）として寺に居座ってしまう。寅さんの修行僧姿が、実に可愛いし面白い。

山門から続く長い石段は、寅さんと酔いどれ住職を介抱する朋子の出逢いの場である。そして飈一郎の三回忌法要が蓮台寺（薬師院）で執り行われ、本堂での法要シーンで僧侶姿の寅さんを見たさくらは卒倒寸前。しかし、仏の道をわかりやすく解く寅さんは檀家の人気者になってしまうのです。

本坊の玄関を入ると、住職の奥様がロケ当時のことを話して下さった。法事のシーンで出演された住職はすでに他界されたとのことで、住職と納所姿の渥美清さんのスナップ写真を見せて下さった。

「主人は映画の中のような呑《の》んべえではなく、ほどほどのお酒でしたよ」とおっしゃる。このロケ中は奥様がカメラを持ちスナップを撮ったといい、その写真は

納所の寅さんが住職とともに現れた薬師院の本堂

解説

薬師院

第32作「口笛を吹く寅次郎」では、市内を見下ろす「瑠璃山泰立寺薬師院」を劇中の「蓮台寺」としてロケが行われた。「薬師院」は寛和年間（985〜987年）の開祖といわれる真言宗の寺。備中高梁駅のホームからも城郭を思わせる威風堂々とした寺の全容が望める。

プロ級の腕前で、すばらしいロケ記録の数々を残している。特に石段を降りようとする寅さんの後ろ姿は寅さん写真における傑作。これらの資料は玄関内に展示してあり誰でも観覧できるので寅さんファンには必見だ。

備中高梁に息づく寅さん

「口笛を吹く寅次郎」では蓮台寺の長男・一道（中井貴一）と、白神食料品店の娘・ひろみ（杉田かおる）の恋物語も同時進行する。ひろみは配達で高梁市内をバイクで走り回る働き者で、市内随所でロケが行われた。

　写真家のアシスタントになるべく上京する一道の列車を追うシーンは、高梁高校に近い伊賀谷川に架かる踏切で撮影された。

　一道が乗る113系電車の先頭には、クモニ（荷物電車）が連結されている。踏切で「行っちゃいけーん」と手を振るひろみに、車窓から身を乗り出して必死に手を振る一道。2人を主観カメラが鉄道の別れをせつなく描写する。失望のひろみを慰める寅さんとのシーンは、高梁市内が一望できる山田方谷《やまだほうこく》の威徳を顕彰する方谷林公園で撮影された。

　市内を寅さんの面影を求めて歩いていると坪内さんが「南さんにピッタリの、実に絵になる店があるんですよ」と、昔ながらの駄菓子屋に連れて行ってくれた。昨日のロケハンのときに目をつけておいたそうだ。ちょうどお昼時だったので、ここでアンパンと牛乳を買って、店先を借りて女将さんとしばし談笑。そういえば寅さんの旅先でのお昼はアンパンと牛乳、せいぜいラーメン程度の質素なもの

まるで城郭のような構えの寺院。右手前が松連寺、左手奥が第32作のロケ現場となった薬師院

だった。
「高梁は何ら変わっておらん、大きな会社もなく商店街はシャッターが閉まっておるじゃろが。外から来た人は高梁はいいとこじゃ、いいとこじゃというが私にはわからん」と言う。私が「寅さんは高梁の良さに魅せられて二度も高梁にやってきたんだよ」というと、
「寅さんと同じで、高梁の人は人情厚くいい人が多いから、この店を続ける限り寅さんの思い出は大切にしてゆくよ」とうれしい返事。寅さんは確実に備中高梁に息づいていることを実感した。

＊　＊　＊

寅さんを演じた渥美清さんが逝って、今年17回忌を迎えた。高梁市内を巡って高校生や若い人に聞いても、寅さんを知る人は少なくなった。今の寅さんファンでも、その姿はビデオでしのぶのみで映画館で寅さんと会った人も少なくなった。寅さんは、映画館で笑いを共用してこそ面白いのである。

私は寅さんの第1作からすべて公開当時に映画館で見てきた。そのほとんどが地方の映画館だった。私の鉄道写真家の旅は69（昭和44）年の「男はつらいよ」第1作から始まったと言っていい。その旅の師が、寅さんであり山田洋次監督だった。これから「老後」の楽しみは1作でも多くフィルム上映での『男はつらいよ』を見ることと、寅さんの旅路の足跡を求めての鉄道の旅を続けることだと思っている。

（取材＝2012年9月3～4日、記事内容は取材当時のものです）

別所温泉
純愛寅さん、丸窓電車

上田・前山寺・別所温泉

文 「旅と鉄道」編集部

舞台となった「信州の鎌倉」

「男はつらいよ　寅次郎純情詩集」（第18作／1976年）は、寅さんのやさしさと無垢《むく》の魂が全編を貫く名作である。社会的な弱者にめっぽう弱い寅さんは、病弱の綾（京マチ子／満男の幼稚園の先生の母という設定）に惚れる。寡婦《かふ》の綾ははかないほど美しく、世知に無縁で純粋。同じ心をもつ寅次郎は思いを募らせるが、綾は病が進み死んでしまう。

作品ではこのストーリーと並行して、信州の塩田平で売《ばい》をする寅次郎の「日常」が描かれる。別所温泉では懇意の坂東鶴八郎一座に大盤振る舞い。無銭飲食で警察のやっかいになってしまい、さくらを柴又から呼び寄せる。この顛末《てんまつ》を撮影した塩田平、別所温泉、上田交通（現・上田電鉄）別所線の描写が美しい。

塩田平は「信州の鎌倉」とも称される文化財の宝庫で、田園と里山に神社・仏閣の堂宇《どうう》が溶け込み、独自の景観を形づくる。映画のなかで寅さんはあぜ道をゆっくりと歩き、目を細めて自然を見つめる。そして、すれ違う子どもたちにほほ笑み、ふっと息を抜く。まぶたに浮かぶのは柴又の家族のことばかり……。寅さんの心情描写という点では傑出した一編で、激しい恋を暗示するプレリュードのようにしっとりとした映像が続く。作品の序盤、寅さん、さくらはそれぞれ上田交通別所線のモハ5250形丸窓電車に乗って別所温泉に入る。刈り取りが終わった田んぼを単行で走る丸窓電車は、愛らしく何ともいえない旅情を醸《かも》し出す。

この作品が公開されたのは、76（昭和51）年。訪れてみると当時と景色はほとんど変わっていない。さすがに温泉街のひなびた雰囲気は薄れたが、21（大正10）年に建てられた木造の別所温泉駅はロケ当時のままで、一座と大宴会を催した旅館の建物（実際は土産物店）も残っている。

別所温泉駅は、各誌の駅舎ランキングで常に上位に入る名駅舎。パステルカラーの化粧板、欧文の駅名表記が魅力的で、丸窓電車とのツーショットは鉄道ファンに語り継がれる光景だ。「寅次郎純情詩集」ではこのツーショットのすばらしい走行シーンが2回も堪能できる（さくら、寅さんが各1回）。

上田電鉄別所線は上田と別所温泉を結ぶ路線延長11・5㎞のローカル線で、27（昭和2）年に3両製造された丸窓電車は86（同61）年に引退。現在、「丸窓」のシンボルは東急電鉄から譲り受けた7200系を改造した「まるまどりーむ号」に引き継がれ（現在は引退）、引退した5250形丸窓電車は別所温泉駅、さくら

別所温泉駅のたたずまいはロケ当時と変わらない。映画では別所温泉駅に到着する列車の走行シーンが2回見られる。

丸窓電車はきちんと化粧直しが施され、今にも走り出しそうだ。秋の「丸窓まつり」では車内に入ることもできる

国際高校、長野計器丸子電子機器工場で大切に静態保存されている。上田電鉄別所線のシンボルは不滅なのである。

同線は駅数15駅で、上田原、八木沢、中塩田など古い木造駅舎も多い。とくに中塩田駅は別所温泉の兄弟駅といえる存在で、「寅次郎純情詩集」の冒頭、寅さんが散髪しているシーンに登場する。もちろん丸窓電車も一緒だ。駅舎の構造は別所温泉駅とほとんど同じで、ここもブルーとイエローのパステルカラーで化粧されている。上田電鉄別所線は1日30本以上運転されている元気な路線。ぜひ中塩田駅にも足を運びたい。

丸窓電車と寅さんの哀愁

「寅次郎純情詩集」のロケで上田電鉄別所線以上に印象的だったのが、塩田平を一望できる古刹・前山寺《ぜんざんじ》のシーンだ。山門の石段に座って、黙々とアンパンを食べる寅さんは、冬が忍び寄る里山を眺めている。遠くに参拝客。山本直純作曲ののどかな楽曲が静かに流れ、境内には国指定重要文化財の三重塔も見える。秋風にたそがれる寅さん。このあと塩田平のたおやかな風景にカットバックすると、神社の縁日がロングで映し出され、パンパン、パパンッと青空に白煙を上げる花火の音。やがて寅さんの口上が聞こえてくる。

「さあ、物のはじまりが一ならば、国のはじまりが大和の国、島のはじまりが淡路島とくりゃ、ねえ、続いた数字が二だよ。ねえ、兄さん寄ってらっしゃいは吉原の歌舞、仁吉《にきち》が通る東海道、憎まれ小僧にならないように、これ買ってってく

中塩田駅は別所温泉駅と同じ1921年の開業。駅舎も当時のまま。何とも不思議な空間だ

ださいよ〜」

このあと映画は綾が入院している東京の病院にポーンと飛ぶ。流れ者の寅さんの暮らしと病魔に苦しむマドンナの現実、そして平和なくるまやの日常。この対比が寅さんのまっすぐな綾への恋を際立たせる。映画のなかで綾は死んでしまうが、少女のような心で寅さんを慕っていたに違いない。

『男はつらいよ』シリーズは松竹の公式ホームページによると、長野で9作品のロケをしている。第3、10、16、18、22、25、29、35、40作である。通算18作品にロケ地を提供している北海道にはかなわないが、他県に比べると群を抜く。

このうちドラマの主要な舞台となっているのが、この塩田平と「寅次郎サラダ記念日」（第40作／88年）の小諸だ。小諸はマドンナが働く土地で、同作にも印象深い鉄道シーンが出てくる。季節は秋。県下が紅葉に燃え、寅次郎も恋に燃えた。

小諸駅・懐古園・浅間山・C56 144

寅さんをまねて「遊子」となる

「寅次郎サラダ記念日」のアバンタイトルは印象深い。小海線を国鉄時代のキハ58系に揺られる寅さん。ボックス席に座り、スルメで一杯やっている。検札がくると寅さんは酒を勧める。このくだりが面白く、車窓に流れる紅葉、澄み切った

山々に囲まれて広がる塩田平。千曲川の河岸段丘に広がる恵みの土地だ

高原の空気に響く走行音がいい。このシーンを見るだけでも、この作品を鑑賞する価値がある。

ここで寅次郎が恋をするのは女医（三田佳子）。出会いのきっかけは、小諸駅前で声をかけた老婆にある。作品では彼女に同情して、その担当医に惚れてしまうという筋書きで、ちょっぴり前述の「寅次郎純情詩集」のエッセンスが感じられる。サナトリウムや立原道造ではないが、東信地方にはロマンとはかなさが同居しているようなイメージがある。もしかすると、それが多くの寅さんロケ地を生んだゆえんかもしれない。

島崎藤村は『千曲川旅情の歌』の冒頭、「古城のほとり　雲白く遊子悲しむ……」と早春の小諸を表現した。蒼穹《そうきゅう》に浮かぶ白雲に遊子（旅人）の心境を重ねた近代詩である。寅さんは「遊子」を真田十勇士の「勇士」と間違ったが、詩の真意は伝わっていたはず。なぜならば寅さんこそ「遊子」にほかならないからだ。

小諸の名所は小諸城趾懐古園にとどめを指すが、鉄道ファンは駐車場に保存されているC56形144号機を見てほしい。かつて小海線で大活躍したSLで、保存状態がよく、何度も動態保存機の候補になった。旅する寅さんもこれに牽引される高原列車に乗ったことだろう。

小諸と塩田平は近い。小海線で小諸、小諸からしなの鉄道で上田、上田から上田電鉄別所線で別所温泉へ。これは秋の寅さん旅をトレースするにふさわしいルートだ。冬がくる前に「遊子」の心境に浸ってみてはいかが――。

（取材＝2012年、記事内容は取材当時のものです）

小諸城趾懐古園に静態保存されているC56形144号機。かつて国鉄の最高地点を走り、「高原のポニー」として鉄道ファンに親しまれた名車だ

伊予の小京都と寅さん

飛行機、特急を乗り継いで

寅さんの足跡をたどる旅に出る。

考えてみれば、寅さんは実家の団子屋「くるまや」にいるとき以外は、常に旅の空の下。映画でも1作品に必ず複数の旅先が出てくる。そんなわけで、あらためて全48作を観た。そして、選んだのは、１９７７（昭和52）年公開の「寅次郎と殿様」（第19作）のロケ地である愛媛・大洲《おおず》。

その理由は、嵐寛寿郎、三木のり平という名優との共演。寅さんが堤鞠子役の真野響子を「マドンナ」と意識するのが、なんと、本編99分中の60分目。つまり寅さんのラブ・アフェアがサブ・ストーリとなっていること。そして、行程の部分を除けば、ロケ地が大洲に限定されているというシリーズの中では特異な1本。加えて、なによりも私が最も好きな作品であること。

というわけで、台風の余波が残るある日、羽田空港から松山空港へ飛び、松山駅から特急「宇和海《うわかい》」で伊予《いよ》大洲駅へ向かった。松山空港到着時から降り続いていた雨も、伊予大洲駅到着直前で上がった。これは幸先がいい。

文
花房孝典
はなふさ・たかのり
１９４６年、名古屋市生まれ。慶應義塾大学法学部卒。作家、評論家。守備範囲はファッションから音楽まで幅広い。『スペンサーを見る事典』『アイビーは、永遠に眠らない─石津謙介の知られざる功績』『コリア・ビギナーズ・ブック』『アジア・ビギナーズ・ブック』『大江戸奇怪草紙』など著書多数。

肱川の河畔にたたずむ大洲城と予讃線

撮影、特記以外すべて／坪内政美

寅さんシリーズでは、駅舎が重要な脇役を果たすが、この伊予大洲駅もまた、鞠子が帰京する場面で大きく映し出された。駅舎は三角屋根のこぢんまりした造りで、内部は天井が高く明かり取りの窓が印象的だ。待合所の木製ベンチも、温かみがある。ホームとホームをつなぐ、屋根付きの跨線橋も懐かしい。

駅舎の前は小さなロータリー。そこから、大洲街道と呼ばれる国道56号につながる一本道が延びている。駅前は特急が停車する駅にしては閑散としているが、寅さんが泊まりそうな商人宿があって、ちょっとうれしい。

本格的な取材は明日からだが、ひとりでプレ取材に出かける。市役所の近くにある大洲の市内観光拠点「大洲まちの駅　あさもや」からスタートした。

プレ取材で3つの収穫を得る

1901（明治34）年に建てられた「おおず赤煉瓦館《れんが》」方向へ向かうと、「油屋」の文字が見えた。もしかしてと前の道へ出て左を見ると、あった！　肱《ひじ》川へ出る道の左側、古い民家の軒先に見覚えのある電灯の笠が突き出ている。そう、ここが寅さんの泊まった旅館「伊洲屋」の看板の掲げられていた場所だ。

そこで突然思い出した。油屋は、司馬遼太郎の『街道をゆく』にも出てくる大洲きっての名旅館。しかし、今は旅館はなくなり、油屋の蔵を整備した和食店があるのみである。

電灯の下を過ぎるとすぐ、この町を2つに分ける肱川の河畔に出る。左前方には映画で見覚えのある肱川橋。そして、川岸には鵜飼《うかい》の船がもやってある。そうか、ここは、夕刻、鞠子が愁《うれ》い顔でたたずんでいた、まさにその場所だ。さっきの軒下の電灯の笠といい、この場所といい、これで本日2つ目の収穫。

この2つの収穫に力を得て、古き良き時代の姿を残す町中をやみくもに歩く。気づくと、はや灯《ひ》ともし頃。そろそろ空腹を感じてきた。ところが、本日3連休の最終日で、ほとんどの店が休業。空腹を抱えながら肱川橋を渡り、左を見ると「殿町商店街」のアーチが見える。殿様の町の殿町。ここは何かありそうだと、すぐ左に「との町　たる井」の明かりが見える。

どうやら川魚料理屋らしい。それに、店構えも立派。やれやれ、やっと夕食にありつけると、中に入れば古民家風の重厚なつくり。カウンターに座り、さっそく、名物の鰻《うなぎ》を頼み一杯傾ける。鰻は、当地独特の焼き方らしく、皮のキシキシとする歯応えがなかなかいい。

女将の話では、彼女の祖父は大洲藩主の末裔《まつえい》、加藤家に料理を届けていたという。つまり、この店こそ殿様の家の仕出し屋。これが本日3つ目の収穫であった。

川魚の佃煮をプレゼント？

昨夜は肱川の上流にある「大洲市交流促進センター鹿野川荘」に宿泊。坪内カメラマン、市商工観光課の嵜石氏と合流して本日の取材に入る。まずは、徒歩で古刹「盤陀山法華寺」へ向かう。ここは、鞠子が亡き夫の墓参に行った寺。かなりきつい坂をあえぎながら登ると、映画で見慣れた石垣と山門に続く白壁が見える（現在、石垣はロック・ボルトで固定され、白壁も補修されている）。鞠子が墓

肱川の川辺に鵜飼の観光船が停泊し背後に大洲城が見渡せる

地から眺めた風景は、現在は竹林で望めなくなっていた。山を下り、白壁と石畳が美しい「おはなはん通り」に行く。1966（昭和41）年、NHKの朝の連続ドラマのロケ地になったところで、鞠子もここを散策している。通りを歩くと、映画と同じように人々が「おはよう」「こんにちは」と声をかけてくれる。

ここで、映画では「冨士山《とみすやま》公園」の展望台からの大洲市内と肱川の広大な景観が映し出される。その後、鞠子は先述の肱川河畔にたたずみ「伊洲屋」へ帰る。そして、寅さんは鞠子に鮎《あゆ》の塩焼きと名物の川魚の佃煮をプレゼントするのだ。川魚の佃煮はいかにも大洲の名物らしいが、嵜石氏に聞くと市内に川魚の佃煮屋は数少ないという。これは、本編中の不思議のひとつ。そんなことを考えつつ、大洲城へ行く。

今にも吉田執事が出てきそう

撮影時には存在しなかった天守は、2004（平成16）年に昔ながらの工法で復元された。寅さんが500円札を吹き飛ばされた石垣は、現在はロープが張られ、ベンチも存在しない。さらに、殿様にラムネをおごった茶店も、天守復元の際に移転して今はない。

城から、寅さんと殿様が肩を並べた街並みに沿い、「お殿様公園」へ。ここは、映画では藤堂家の屋敷と設定された「旧加藤家住宅主屋」があり、その一隅に、映画で印象的に使われた「大洲城三の丸南隅櫓」が昔のままの姿をとどめている。加藤家の玄関は映画そのままで、声をかければ吉田執事が飛び出してきそうだ。

現在は竹林が立ちはだかり法華寺から市街地は見えない

旅立つ直前、寅さんと殿様が食事をとった部屋は、県立大洲高校の敷地内にある儒者・中江藤樹の旧宅「至徳堂」ではないか、との情報がもたらされ楽しみにしていたが、間違いで、どうやらあれはセットのようである。

お殿様公園を出て、映画で印象的に使われた大洲高校のグランドを撮影。その後、その姿が富士山に似ていると名づけられた冨士山（標高320m）の山頂にある展望台から市街地を一望し、ぜひ行ってみたかった「臥龍《がりゅう》山荘」へ行く。

臥龍山荘は、明治の豪商・河内寅次郎が10年の構想と4年の工期をついやして建築したもので、単に大洲だけではなく日本の財産である。特に、月光に照り映えた川波を天井に映す「不老庵」の姿は真に美しい。

その後、市内の老舗を何軒か巡り、途中、肱川河口に架かる現役の道路可動橋としては日本最古の長浜大橋を経て、本編プロローグ、寅さんが目覚める下灘《しもなだ》駅へ向かう。「青春18きっぷ」のポスターなどで、鉄道ファンに人気の駅のたたずまいは映画と変わらない。ホームから眺める伊予灘は雄大で美しいが、海を埋め立て国道がつくられたため、撮影当時とは景観が異なってしまったのは残念である。

これにて取材は終了。寅さん曰く、

「空気はいいし、水はきれい。なぁ、おいちゃん、この街の人はみんな行儀いいねぇ、こりゃ、よっぽど殿様のしつけが厳しかったんだな」

景色も環境も素晴らしく、そして、人々の優しさに心をうたれながら、この辺りで、伊予路の小京都、水郷、大洲の旅に終止符を打つことにしたい。

（取材＝2012年、記事内容は取材当時のものです）

「寅次郎と殿様」のプロローグで使われた下灘駅（伊予市）

お殿様公園には藤堂家の屋敷として使われた旧加藤家住宅主屋がある

寅さんのいる町

柴又駅・帝釈天参道・帝釈天（題経寺）

文　「旅と鉄道」編集部

参道入口に立つ寅さん像に一礼

京成金町《かなまち》線の終点、金町のひとつ隣の駅にあるのが、柴又駅。寅さんの故郷だ。柴又駅の改札を出ると、『男はつらいよ』ファンなのだろうか、平日にもかかわらず老若男女を問わず観光客の姿が目につく。改札に隣接した喫茶店の名は「さくら」。さっそく〝寅さんのいる町〟を感じさせてくれる。

駅前広場をぐるりと囲むように立ち飲み屋やラーメン屋が並び、そのどまん中に寅さんの銅像が立っている。フェルト帽にスーツを羽織り、かばんを下げている、いつものスタイルだ。寅さんの足元の碑に残されている山田洋次監督の言葉によると、この像は柴又駅に向かい、帝釈天の商店街を振り返るように手を振っている姿。柴又を去る寅さんの少し寂しげな表情がうかがえる。

「おにいちゃん、本当に行っちゃうのね？」

「ああ、さくら、おいちゃんとおばちゃんに達者でなって、そう伝えてくれよ」

今にもそんなやりとりが聞こえてきそうだ。

柴又駅前広場に建てられた「フーテンの寅」像と「見送るさくら」像。ともに足下の碑には山田洋次監督からのコメントが書かれている。なお、柴又駅前は2020年に再開発されている

寅さんを見送り、帝釈天の参道へ向かう。参道は柴又神明会という商店街で、料亭や甘味処《かんみどころ》、土産物店がところ狭しと並んでいる。どれも老舗らしい立派な店構えだ。商店街に入るなり、威勢のいい呼び込みの声が聞こえてくる。もっとも、寅さんには及ばないが。そこに女学生と思しき娘が店から出てきた。

「いってきまーす。」

の声に「いってらっしゃい、気をつけてね」と従業員たちが声をかける。店を出て参道を出るまで、店先で会釈をしながら去っていく彼女に次々と温かい声がかけられる。ここは『男がつらいよ』のロケ地というだけではなく、まさに作品の世界そのままの場所なのだ。

商店街のアーチをくぐってすぐ、参道の両側に店を構えるのが「髙木屋老舗」。木造の瓦ぶきの屋根は明治、大正時代に建てられ、現在も変わらず当時の風情を保っている。撮影の合い間の休憩や衣装換えのときに、渥美清や山田監督が立ち寄っていた店だ。店内には当時の写真をはじめ、渥美清からの送られたのれんや山田監督が宛てた手紙などが飾られている。店内の渥美清がいつも座っていた席には、現在も「予約席」の立て札が置かれていた。

帝釈天境内に残された大作

そのまま、参道は少しカーブを描きながら帝釈天題経寺へと続く。『男はつらいよ』シリーズで何度も出てきた風景だ。境内には、二天門をくぐると正面に帝釈堂がありその右手には祖師堂（本堂）が建つ。奥には、寺内最古の建築、釈迦堂

帝釈天参道をはじめとした葛飾柴又の景観は、2018年2月に国の「重要文化的景観」に選ばれている

「髙木屋老舗」は、通りをはさんで土産物と喫茶の2店舗に分かれている

 写真はすべて2023年に撮影

（開山堂）や大客殿など格式高い建築物を見ることができる。

なかでも、帝釈堂は数多くの彫刻で装飾された「彫刻ギャラリー」になっている。とくに内陣の外側に施された10枚の彫刻画には、法華経に説かれる代表的な10の説話が描かれている。1922（大正11）年から34（昭和9）年までかけて、10人の彫刻家が手がけた超大作だ。帝釈堂内陣は装飾彫刻を保護するように建物ごとガラスに覆われている。

葛飾柴又寅さん記念館・矢切の渡し

『男はつらいよ』の世界に浸る

帝釈天をあとに、「葛飾柴又寅さん記念館」へと向かう。道中にある「山本亭」と記念館のセット券が販売されている。帝釈天から「山本亭」を経て「寅さん記念館」へ向かうコースが一般的だ。「山本亭」はカメラ部品メーカーの創業者・山本栄之助の旧宅で、書院造と洋風建築を合わせた和洋折衷の貴重な文化財だ。

和風の庭園を抜けると、「寅さん記念館」は目の前。館内施設は『男はつらいよ』の撮影現場の雰囲気が再現され、寅さんの少年時代を振り返るジオラマや実際に松竹大船撮影所で使われていた「くるまや」のセットが展示されている。『男はつらいよ』シリーズの世界にひたっていると、〝寅さん気分〟で口上を口にしたくなる。

帝釈天題経寺。帝釈堂の内外には数多くの説話彫刻が施されている

記念館の中心は建物が吹き抜けになっていて、「光庭」といわれる中庭のフロア一面に全国を歩いた寅さんの旅が日本地図化されて描かれている。吹き抜けからエレベータで上へあがると、屋上は「柴又公園」だ。そこからは帝釈天、江戸川の土手や雄大な流れが一望できる。

矢切の渡しで〝寅さん体験〟

記念館の屋上からは、そのまま江戸川の土手へと降りることができる。江戸川の対岸から矢切《やぎり》の渡しで柴又へ。土手を歩きながらさくらやおいちゃんたちの待つ帝釈天の商店街へ向かう。見慣れたオープニングが脳裏をよぎる。矢切の渡しは、「寅さん記念館」の正面の土手から上流方向へ数分歩いたところに乗り場がある。栈橋から対岸を見ると、渡し舟が停まっていた。船頭さんはすでにこちらに気づき、ゆっくりこちらへ向かって漕ぎ出した。片道100円(※)。対岸には、先に渡した乗客がいて、その乗客を戻す間しばし対岸で過ごし、再度料金を払い、柴又へ向けてゆっくりと漕ぎ出す。この景色は20年ぶりに寅さんが見た景色。

「桜が咲いております。懐かしい葛飾の桜が今年も咲いております……。そう、私の故郷と申しますのは、東京、葛飾の柴又でございます……」

口上のあと『男はつらいよ』のタイトルがドン! と出てきてテーマ曲が流れる。第1作「男はつらいよ」のオープニングが鮮明によみがえった。

(取材=2012年〈写真を除く〉、記事内容は取材当時のものです)

柴又側の土手から江戸川の河川敷を望む。高層ビルやマンションが見えるが河川敷は当時とそれほど変わらない

江戸川の河川敷近くにある「葛飾柴又寅さん記念館」。内部には「くるまや」の撮影現場を再現したセットなどがある

※取材当時の料金。2023年現在は200円

幻の49作目に思いを馳せる
高知ロケと寅さん地蔵

文／花房孝典　撮影／坪内政美

ロケ地は高知で検討されていた

『男はつらいよ』の第49作目は、１９９６（平成8）年の暮れに公開されると思われていた。しかし、同年8月に渥美清が亡くなったため、製作は中止となってしまった。『男はつらいよ』シリーズでロケが敢行されていない都道府県は埼玉県、富山県、高知県の3県。その3県の一つである高知県が49作目の舞台として検討されていたが、ついにかなわぬ夢となってしまったというわけだ。

幻の49作目は制作の準備が進んでいたようだ。傷心の女性がお遍路の旅に出て、そこで寅さんと出会う。ところがその女性の兄が寅さんを〝妹の男〟と勘違いして大騒動になる。寅さんファンのブログなどを見て行くと、おおよそこのようなストーリーだったという。

また、幻の第49作で満男と泉を結婚させ、次の第50作で寅さんとリリーを結婚させて、『男はつらいよ』シリーズを完結させる、という説もあった。

もし、この幻の49作目が制作されていたらどうなっていたのだろうか。マドンナは誰が演じ、どのような場面で寅さんと会い、どこで女性の兄とひと騒動を起こすのか。

そして、鉄道好きの山田洋次監督は、今回もさりげなく鉄道を入れ込んだことであろう。それは、土佐くろしお鉄道であったのか、それとも高知市街を走り抜ける路面電車、あるいは清流四万十川をゆく予土線や、土佐湾を望む土讃線であったかもしれない。

土佐湾の紺青の海が寄り添うJR土讃線

しかし、それは、また、夢の夢。

『男はつらいよ』の誘致運動が始まった高知県安芸市には、幻の作品をしのばせる「寅さん地蔵」がある。97（同9）年に建立されたもので、旅の安全を願って参拝する遍路の姿もあるという。

安芸市に建立された「寅さん地蔵」

第3章

寅さんから学ぶ昭和

古きよき昭和の時代、食卓は茶の間にあった。卓袱台を家族で囲み、酒を飲み、笑い、泣く。そこは家族の中心で、みんなが時間を共有できる場所。かつてはそんな空間がいたるところにあった。もう一度、あの時代へ旅立とう。

昭和のくらし

寅さんの衣装と小物

まっとうなスタイルで登場

映画の公開年と寅さんのストーリーがシンクロしているとすれば、20年の空白の期間の後、寅さんが柴又へ帰ってきたのは、1969（昭和44）年、着る物の話でいえば、まさにアイビー・ルックからヒッピー・スタイルへの移行期であった。敗戦で疲弊した戦後日本の男性ファッションの原風景は、手元に残った国民服であり、学生服であった。

その後、Tシャツ、アロハシャツ、Gパン、ラバーソールの靴、そしてレイバンのサングラスなどの米軍スタイルを経て、アイビーが台頭する。しかし、それは若者たちの話で、一般の大人たちは、ドブネズミと揶揄《やゆ》されながらも相変わらず紺かグレーのスーツで身を固め、一心不乱に働いていた。また、その失われた20年に関し、どこで何をしていたか、何を着ていたのかは、寅さんの口から語られたことはない。

さて、20年ぶりに故郷・柴又、江戸川のほとりに立った寅さんのスタイルは、

文 南正時

撮影、特記以外すべて／南 正時

ベージュの帽子、ツイードの小格子のジャケットにグレーのズボン、白のワイシャツに格子のネクタイと、まさにまっとうなスタイルであった。しかし、ジャケットのバックベルトと、白黒のコンビの靴が、彼が異端の人物だということを物語っている。

昭和のにおいが紛々と漂う

このジャケットは、テレビシリーズで寅さんが着ていたものとほぼ同じで、テレビからの移行であるというイメージづくりに重要な役割を果たしており、「フーテンの寅」（第3作／70年）まで着続けられ、以降、おなじみの帽子、ダボシャツ、毛糸の腹巻き、雪駄、掛け守り、ダブルのスーツに定着し、最終作品まで着続けられ、寅さんのトレードマークとなる。ちなみに第3作までは、シングル・ジャケットのほか、トレンチコートを着てマフラーを首に巻き、足袋を履くなど、後作では見られない姿が見られ、「新・男はつらいよ」（第4作／70年）になって、ようやく寅さんスタイルが完成したことになる。

しかし、そこに「昭和」は表立って見えてこないが、寅さんのくつろぎ着を見てみると、浴衣の上の丹前、

寅さんも初期のころには、さまざまな衣装で現れる。小格子のシングルのジャケット（「フーテンの寅」第3作／1970年／監督：森崎東／松竹）。

黒繻子《くろじゅす》の襟のかかった女物の派手な袢纏《じゅばん》、へちま襟の厚手のカーディガン、庭下駄、麦わら帽子など、こちらは、まさに昭和のにおいが紛々と漂う。

昭和30年代までは、どこの町内にも、このようないでたちのおじさんたちが存在した。寅さんシリーズで昭和を感じるのは、寅さんよりも、脇役や一般の町の人たちの存在である。さくらのミニ・スカート、おんぶひも、おばちゃんの和服、茶羽織、割烹着、おいちゃんの鉢巻きと白衣、医者の往診かばん、郵便配達、国鉄の車掌、駅員、機関士、警察官の制服など、今は、歴史の彼方に埋もれてしまった昭和の市井の人々の姿が、シリーズの巻を開けば、生き生きとよみがえってくる。

ここで特筆したいのは、寅さんのダンディズムである。スーツはいつもプレスされ、ダボシャツ、ダボパンツもまた然り。スーツはハンガーにかけ、ブラシをかける。この律義さと折り目正しさに寅さんの性格が垣間みられる。

寅さんと食生活

好みの味つけは辛めの下町風

日本語の「ごはん」という言葉は、不思議な言葉である。本来は、米を炊いた飯の意味だが、「朝ごはん」「昼ごはん」「晩ごはん」というように、食事全般を指す言葉ともなる。

また、「朝飯」「昼飯」「晩飯」という言葉もあり、「ご飯食べた?」というように使われる。つまり、日本人にとって米飯を食べることが食事の中心であり、いわゆるおかずは、米の飯をたくさん食べるための起爆剤、あるいは補助剤であった。そこに主食の概念が生まれる。

ちなみに、欧米には主食の概念はなく、したがって、パンを食べるためにステーキを食べるなどということはない。

手元にある1928(昭和3)年(渥美清の生年)の婦人雑誌付録の献立表の8月30日の献立を見ると、朝はサヤインゲンの味噌汁と塩昆布、昼はゴボウとコンニャクの炒め煮、晩は冷奴のみ。もちろん主役は「ごはん」だ。

寅さんの大好物、里芋の煮っころがし、ぜんまい、イカ、がんもどきなどの煮つけは始終登場する。つまり、このような食事形態が、寅さんが愛してやまない「昭和」の食事の典型であった。そして、それらは東京下町風の辛めで、しっかりとした味つけだった。

日本喜劇映画の大先達、山本嘉二郎監督は、里芋の煮っころがしは「砂糖もなにも使わないで、醤油だけで、炒りつけるように、真っ黒にコロコロと煮あげたものである。煮っころがしという言葉がピタリである」と、著書『洋食考』中に書き残しているが、「くるまや」の食卓にも、常時、そのようなものが並ぶ。夕食に、アジの開きが出れば、それなりに豪華版だった。

しかし、ふだんは、そのような質素な食卓だが、お正月やお節句には特別な料理が並んだ。「くるまや」の食卓にも、何かあれば鰻をとるというような、ささやかなぜいたくがあったが、寅さん、さくら、おばちゃんは鰻が嫌いである。

「あったかい味噌汁さえありゃ十分よ。あとはお新香、海苔とタラコひと腹、辛子のきいた納豆。これにはね、生ネギきざんでたっぷり入れてくれよ……、あとは塩昆布に生卵でも添えてくれりゃ、もうおばちゃん何にもいらねぇな、うん」。これは寅さんの理想。現実は右の写真のようなものであったのではないか。

東京ラーメンがお定まり

寅さんの食生活には見事な両面性がある。一つは、前述の、「くるまや」の食卓。そして、もう一つは、旅の空での食卓。旅での食事の基本は、旅館での食事――これは全国どこでも判で押したような「お仕着せ」であり、寅さんは、それで酒を飲み、ご飯を食べる。

時には大洲の「伊洲屋」でのように、名物の鮎を特別につけるというぜいたくもする。で、旅館に泊まれば、朝食も出て、泊まりでは献立に迷う必要もない。汽車に乗れば、ときには駅弁を肴《さかな》に杯を傾けることもある。それ以外、昼や時間外れの食事は、たいがいラーメンである。ここで、ラーメンの起源を書く気はないが、明治30年代には、すでにチャルメラを吹いて夜商いをする「南京《なんきん》ソバ」の屋台が東京市中を回っていたという。

１９３０（昭和５）年、六代目春風亭柳橋の落語『支那《しな》ソバ屋』が爆発的な人気となり、多くのレコードが出され、支那ソバはたちまち全国区となり、全国津々浦々にまで商う店ができ、日本蕎麦屋でも支那ソバを扱うようになり、そのレシピは、全国ほぼ元祖東京ラーメンに統一された。つまり、これこそが寅さんの好物、「昭和のラーメン」であり、映画の中で札幌ラーメンや九州ラーメンを食べている姿は見かけたことがない。

あんパンは日本人の証し

「寅次郎夕焼け小焼け」(第17作)。ラーメン屋はさくらとの別れのシーンに登場することが多い。(1976年／監督:山田洋次／松竹)

しかし、寅さん、手元不如意が極まった時には、あんパンと牛乳でしのぐ場合がある。あんパンの起源は古く、銀座の木村屋（木村屋総本店）が最初に発売したのは1874（明治7）年で、翌75（同8）年には明治天皇に献上されている。それ以降、あんパンは菓子パンの代表として現在まで続いている。

となれば、寅さんがあんパンを好むのは、まさに日本人である証しでもある。さて、このあんパン、「寅次郎の告白」（第44作／91年）では家出した泉が小さな駄菓子屋であんパンを食べるシーンがあり、「寅次郎と殿様」（第19作／77年）では、殿様にラムネとあんパンをおごるシーンがある。もしかすると、あんパンは、山田洋次監督の好みかもしれない。

寅さんたちの住処と旅館

昭和30年代の住宅事情

「男はつらいよ」（第1作／69年）のタイトルバックに流れる寅さんのモノローグで、「風の便りにふた親も秀才の兄貴も死んじまって」と語っているように、寅さんは次男である。

父・車平造の死によって、店を継いだおいちゃんこと車竜造は6代目で寅さんの父の弟であり、寅さんは兄の死により、本家筋の7代目の跡取りとなった。つまり、「くるまや」は、寅さんの実家であり、16歳まで育った家である。

手元不如意のときの寅さんの昼食は、安価なあんパンと牛乳。昭和の時代、牛乳は滋養のある飲み物として子どもたちにすすめられた。寅さんも、子どもの頃の思い出が牛乳を選ばせたのだろう。

「くるまや」は、帝釈天の参道に面した建物の約半分が店と作業場、その奥が居住スペースとなっている。様式から見て、明治後期から大正期にかけての中流以上の建物の典型である。このような建築物は、以降、日本の高度成長期まで和式住宅の標準となる。

太平洋戦争で都市部の多くの建物は焼失し、特に東京は極度の住宅不足に悩まされるようになった。昭和30年代に入ると、「アパート」（大阪では「文化住宅」）と呼ばれる鉄骨2階建ての集合住宅が多く建設された。多くは1間か2間で、小さな台所がつき、トイレは共用、風呂はなく、住人は銭湯に通った。

さくらと博が新生活を始めたのも、このようなアパートで、シリーズでは、博が湯銭をもらい、満男を連れて銭湯に行くシーンを見ることができる。しかし、このようにアパートでも負担だという層の人々は、一般家庭の空いている部屋を借りる形式の「貸間《かしま》」で生活した。

「柴又慕情」（第9作／72年）では、おいちゃんたちが、さくらと博の家を建てるための資金の足しにと、「くるまや」の2階を貸間にしようとして、店先に「貸間あ

当時の「店舗共用住宅」の典型である。天井近くに並べて置かれた定紋入りの提灯箱や、店先の纏が店の歴史を語る。そして縁起物の招き猫がご愛嬌である。『寅次郎忘れな草』（第11作／1973年／監督:山田洋次／松竹）

り」の札をぶら下げ、そこへ帰って来た寅さんと悶着を起こすのがストーリーの発端となっている。

ちなみに、本編が公開された67（昭和42）年、「くるまや」の貸間の家賃は月額6000円という設定となっている（現在でも、貸間は存在し、家賃は安いところで月額2万円程度）。また、地方から上京した学生たちは、寮か、大家と同居で食事（賄い）付きの下宿に住んだ（現在、東京にもわずかだが賄い付きの下宿があり、家賃は月額5～6万円程度）。

団地からマンションへ

日本が高度成長期に入った昭和30年代中頃、日本住宅公団（現・都市再生機構）によって団地の建築が始まった。風呂、水洗トイレ、ダイニング・キッチン、ベランダが装備された団地生活は庶民の憧れの的となった。

ところで、第9作でタコ社長から20坪の土地を借りたさくらと博。結局、新築住宅をローンで購入できたのは、8年後の80（同55）年だった（第26作「寅次郎かもめ歌」）。昭和30年代後期になると、団地の画一性を嫌う富裕層のために「マンション」の建設が始まり、40年代後半から50年代に一般層にも広がり、マンション・ブームが起こった。

それ以降、マンションは日本人の住宅の一つの標準形式となった。以上が、昭和、戦後期の日本人の住まいに関する概要だ。

寅さんの理想の旅館論

さて寅さんの生活のベース、「住」は旅先の旅館である。それも、豪華な観光旅館ではなく、いわゆる「旅人宿」、あるいは「商人宿」と呼ばれる安価で小規模の旅館だ。大都市以外は、たいてい駅前に集中しており「駅前旅館」と呼ばれることもある。

それでは、寅さんの理想の旅館とは、どんな旅館なのか？「寅次郎物語」（第39作／87年）の中で、ビジネス・ホテルを勧めるイッセー尾形扮する警官に、以下のような、寅さん理想の旅館論を展開する。

「俺、ベッドってだめなんだ。ね、それと小さな風呂、腰掛けうんち、全部だめなんだよ。狭くていいから畳の敷いた宿……あっ、一つだけぜいたくを言わしてもらうと、女中さんが、夜10時頃になると『うち、パートやさかい、これで帰る』。そういうとこ、やめて欲しい。俺、寝る前に熱燗《あつかん》でキューーッと一杯やりたい。おかずなんかイカの塩辛でいい。寝間着の上に色っぽい羽織かなんか、ちょっとひっかけて、女中さんがお盆を片手にスッと入ってくる。『お待ちどうさま』『いや、いいんだよ。こんな遅く悪いね』『いいのよ、私、宵っ張りだから。さ、おひとつ』『うん、じゃもらおうか。お前もどうだい、一杯』『うれしい、じゃ、いただいちゃおうかしら』……そんな風で1泊1000円くらいの旅館、ないかね？ お巡りさん」

ま、1泊1000円は冗談だろうが、昭和の時代には、そのような旅館が、ごくふつうにあったのだろう。大都市では、ほとんど見かけなくなったが、地方都市には、今でも旅人宿は健在である。最近の伊予路の旅で見かけた看板には「1泊2食　6800円」とあった。「奮闘篇」（第7作／71年）で、帝国ホテルに圧倒され、便器とバスタブを間違えたのがトラウマになったのか、寅さんは徹底的なホテル嫌いとなったが、「寅次郎心の旅路」（第41作／89年）の舞台、ウィーンでは、さすがにわがままは通せず、全作品中、唯一ホテルに宿泊。ちなみに、このホテルは「Zur Wiener Staatsoper」。公開20年後の2009（平成21）年、ウィーン市内に〝Tora-San-Park〟（寅さん公園）がオープンした。

COLUMN 03

昭和の時代を物語る寅さんのキーワード 2

文／南正時

SKD

SKDは1928（同3）年に創立された松竹楽劇部が前身、45（同20）年に松竹歌劇団と改称し、SKDはその略称だ。戦前は男装の麗人、水の江瀧子が国民的人気を誇った。「寅次郎わが道を行く」（第21作／78年）では、本拠地の国際劇場とSKDがストーリーの重要なファクターとなっている。ちなみに、妹役の倍賞千恵子はSKD出身である。

日本手ぬぐい

寅さんの腹巻の中には財布と共に日本手ぬぐいが入っている。洗面や汗拭き、鉢巻きに使用するが、時には「寅次郎あじさいの花」（第29作／82年）のように、下駄の鼻緒の修繕にも使われる。

香具師

言うまでもなく、寅さんの商売は「香具師」（テキヤとも）である。香具師は、一言でいえば大道露天商。全国の社寺のお祭りで、店を広げる。その中でも寅さんは、巧妙な口上を述べたてて売る「啖呵売」。渥美清は山田監督との対談で「少年時代憧れちゃってねえ。御徒町や浅草の観音様の裏だとかに行きゃあ、蛇《へび》つかいの兄ちゃんなんかがいたりして、そういうとこをしょっちゅうウロウロしてたんです」と述べ、渥美の経験を聞いた監督が『男はつらいよ』を思いつき、「渥美さんがいなけりゃ、寅も誕生しなかったかも知れないですねえ」と語っている（『男はつらいよ』立風書房刊）。

トイレ

「くるまや」の奥の廊下の突き当たりにトイレがあり、もちろん和式だ。そこには、下の突起部分を押すと水が出る「吊り手水《ちょうず》」と日本手ぬぐいがかかっている。これもまた、まさに昭和のトイレである。くみ取り式か水洗かは不明。

纏

「くるまや」の正面左側には纏《まとい》が飾られている。柴又でこの纏が振られるのは「宵庚申《よいこうしん》」「節分」「お会《え》式」、そして、最近では8月15日の「寅さんの夕べ」の3回。「男はつらいよ」（第1作／69年）冒頭で、飛び入りで見事に纏を振る寅さんの姿が目に残っている。

第4章

寅さんが乗った昭和の鉄道

全50作を数える『男はつらいよ』シリーズで、鉄道が出ない作品はほとんどない。財布の中身は500円、乗るのはもっぱら普通列車。小さい駅でふらりと降りる。だから寅さんの旅には、昭和の鉄道の魅力がいっぱい詰まっている。

寅さんの鉄道旅を見る

寅さんとは切っても切れない列車旅

文 「旅と鉄道」編集部

重要なシーンにも登場する鉄道

映画『男はつらいよ』シリーズ、足掛け50年・全50作にも及ぶ大作の中には、映画撮影当時に走っていた懐かしい鉄道シーンが数多く残されている。特に、寅さんの旅は鉄道が主体。特急や寝台車には乗らず、ローカル線の鈍行で旅をする。

当時は蒸気機関車が現役で走っていたし、今は廃止されている地方ローカル線もまだまだ残っていた。蒸気機関車以外の車両ひとつとっても、今も現役で走っている車両はごくわずかだ。『男はつらいよ』という映画は鉄道からも時代が読み取れる、当時の活気が伝わってくる。そんな作品だ。

鉄道はただの演出としてだけではなく、重要なシーンにもたびたび登場している。第5作の「望郷篇」では、義理のある正吉親分（木田三千雄）の危篤の報を受け、舎弟の登と札幌へ向かい、息子に会いたいと懇願する正吉親分のために息子が勤務する国鉄の小樽築港機関区へ出向く。息子を見つけ出し正吉親分に会うよう説得するも、にべもなく断られ、乗務する機関車をタクシーで追いかける場

小樽築港機関区で転車台に乗るD51形。機関庫などは1990年に解体され、跡地は複合商業施設となっている　撮影／南 正時

面は名シーンだ。結局、説得を断念した寅さんは親分の死により、渡世人として生きることに嫌気がさし、堅気をめざしていくという物語だ。最終的には渡世人に戻ってしまうが……。

第11作の「寅次郎忘れな草」では、網走行きの夜汽車の車内で、この後の作品でさまざまなドラマを展開していくことになる歌手のリリー（浅丘ルリ子）と運命の出会いを果たす。

このほかにも、第41作「寅次郎心の旅路」では東北のローカル私鉄・栗原電鉄で旅をしていたところ自殺志願男の坂口兵馬（柄本明）が線路に寝転び自殺を図るも間一髪で免れ、その後同情した寅さんはウィーンまで共に旅することになるなど、鉄道旅がその後の物語のきっかけとなる場面も多い。

懐かしの鉄道シーンも満載

『男はつらいよ』にはノスタルジックなローカル線や車両も登場する。前述の栗原電鉄以外にも、第9作「柴又慕情」では石川県で走っていた軽便鉄道の尾小屋鉄道の「バケットカー」に寅さんが乗り込むシーンや、第31作「旅と女と寅次郎」では新潟交通電車線が走る姿が見られる。第43作「寅次郎の休日」では、珍しく寝台特急「はやぶさ」に乗車しているシーンもあるが、このブルートレインも今はなくなり過去の乗り物となってしまった。このほかにも、まだまだ寅さんの鉄道シーンはあり、こちらは次ページ以降、さまざまな鉄道場面に区切って、寅さんが乗った昭和の鉄道を紹介していこう。

栗原電鉄は1993年に第三セクター化され「くりはら田園鉄道」となり車両も気動車化された。2007年に廃止されている

寅さんが乗ったローカル線

寅さんの汽車旅。ローカル線を渡り歩き、蒸気機関車を愛した寅さん流の旅は雪どけ直後の越後路の駅からはじまり、里山の無人駅でまどろむ。小さな駅ではいい夢から覚める寅さんの姿があった。

私が忘れることができない寅さんの旅に、北海道の路線がある。特に函館本線の長万部《おしゃまんべ》～小樽間の通称「山線」と呼ばれる、峠が続く景勝路線である。銀山、小沢などと当時のSLファンには懐かしい駅が登場して寅さんと絡む。それらの駅が風来坊の寅さんと、妙にマッチするから不思議だ。

木曽路を行く、中央西線の旅も忘れがたい。ここの主役は、寅さんとともにD51形だった。やがて電化されても、なお寅さんは電車で落合川駅に降り立った。

ここで寅さんは、自分を育てた江戸川をたたえるアリアを切々と語る。川の流れはやがて木曽川に姿を変え、鉄橋を渡る電車がローカル線の新しい姿を見せる。寅さんは蒸気機関車がなくとも、木曽路に旅情を添える旅人だったのだ。

昭和から平成へと時代は変わり、寅さんが乗ってきた鉄道も刻々と変化していく。その変化は、山田洋次監督が言う「すさまじい勢いで日本の風景が変わっていった時代」でもあった。

鉄道の移り変わりを寅さんの足跡と共にたどりながら、私の寅さん流の旅を探し出してみた。

文・撮影／南 正時

「夜霧にむせぶ寅次郎」

第33作／1984年

根《ね》室《むろ》本《ほん》線《せん》

滝川～根室

赤い帯の気動車で日本最東端の町へ

日本最東端への旅は、釧路から根室までの通称「花咲線」が誘う。「夜霧にむせぶ寅次郎」（第33作／84年）では濃霧にむせぶ根室本線に乗って、茶内駅から根室駅に向かった。寅さんの北海道の旅はもっぱら夏に限られるが、私が訪れた厳冬の沿線はマイナス20度を超え、厚岸湾にはケアラシが舞っていた。

厚岸駅で売られている
駅弁のかきめし

釧路以東の「花咲線」には、太平洋のそばを走る区間がある

「望郷篇」

第15作／1975年

「寅次郎相合い傘」

第5作／1970年

函《はこ》館《だて》本《ほん》線《せん》

函館～旭川

優等列車でにぎわった「山線」を行く

「望郷篇」（第5作／70年）と「寅次郎相合い傘」（第15作／75年）で登場した路線で、いずれも寅さんは長万部～小樽間の羊《よう》蹄《てい》山とニセコ連山を車窓に見て走る通称「山線」を旅した。当時、この路線には優等列車が走っていた。「望郷篇」ではD51形とも「共演」して、相合い傘ではマドンナのリリーと、蒸発男の兵藤謙次郎（船越英二）と蘭島駅に宿泊しながらの旅だった。

「望郷篇」の舞台になった小沢駅

吹雪の二股～蕨岱（わらびたい）間を走る

「夜霧にむせぶ寅次郎」
第33作／1984年

「寅次郎恋愛塾」
第35作／1985年

花輪線《はなわせん》

好摩～大館

紅葉が美しく寅さんもお気に入り

「夜霧にむせぶ寅次郎」（第33作／84年）では、冒頭に岩手山を一望する大更～東大更間の踏切を渡る寅さんの姿がある。

「寅次郎恋愛塾」（第35作／85年）では、失恋男を心配して陸中花輪（現・鹿角花輪）に向かう。一升瓶を手にしたほろ酔い気分の寅さんが、改札口を通るシーンがある。

花輪線は紅葉が美しいローカル線で、寅さんお気に入りの路線のひとつだ。

新雪の岩手山を望む。花輪線大更（おおぶけ）～東大更間

8620形の動輪がある鹿角花輪駅

「奮闘篇」
第7作／1971年

五能線《ごのうせん》

東能代～川部

日本海の素晴らしい景観を楽しむ

「奮闘篇」（第7作／71年）では、青森県から集団就職でやってきた花子（榊原《さかきばら》るみ）がマドンナとして登場。寅さんとさくらが花子の故郷、五能線沿線を旅する。寅さんの行方を追って、五能線驫木《とどろき》駅を訪れるさくらが乗った列車はキハ10系。車内で地元の人たちと語り合う。お国なまりがいかにもローカル線の旅情を誘う。驫木は海辺の無人駅で、近年、鉄道ファンに人気。公開当時の71（昭和46）年には、8620形が牽引する貨客混合列車が走っていたはずだ。

日本海に沿って走る。驫木～追良瀬（おいらせ）間

「柴又より愛をこめて」

第36作／1985年

只見線《ただみせん》

会津若松～小出

秋の会津路を疾駆する列車の数々

「柴又より愛をこめて」（第36作／85年）の冒頭の夢の中、寅さんは日本初の宇宙飛行士になって宇宙に飛び立つ。あまりの重圧におしっこをチビってしまうところで目が覚める。ところは只見線会津高田駅の待合室。前を押さえて駅のトイレに駆け込む寅さんが面白い。キハ58系に乗って会津柳津《やないづ》に向かう途中に、秋の会津路を走る列車の数々が登場。なかに滝谷川鉄橋を走るシーンもあるが、これは会津柳津の先なのでご愛敬。この鉄橋はかつてC11形の有名撮影地だ。寅さんも食べた会津高田駅前の大衆食堂「小林食堂」の会津ラーメンは今も変わらぬ味。

晩秋の会津盆地を行く。会津高田～根岸間

「フーテンの寅」

第3作／1970年

「寅次郎の告白」

第44作／1991年

中央西線《ちゅうおうさいせん》

塩尻～名古屋

タイトルバックをSLが駆け抜ける

初期の作品のタイトルバックなどに、蒸気機関車の疾走シーンなどで何度も登場した路線だ。「フーテンの寅」（第3作／70年）のタイトルバックは、木曽路の宿場町奈良井付近を走るD51形の勇姿が見られた。「寅次郎の告白」（第44作／91年）の冒頭に、ポンシュウ（関敬六）と落合川駅に下車する寅さんの姿があった。落合川は木曽川に面する駅で、かつてはD51形の撮影地としても鉄道ファンには知られた駅だ。

ソバ畑が車窓を彩る木曽路。洗馬（せば）～日出塩間

「寅次郎サラダ記念日」

第40作／1988年

小《こ》海《うみ》線《せん》

小渕沢〜小諸

紅葉の山岳路を国鉄色の気動車が彩る

「寅次郎サラダ記念日」（第40作／88年）は小諸が舞台。寅さんは二合瓶とスルメを手に、小海線のキハ58系の旅を楽しんでいる。タイトルバックには紅葉の小海線を走る国鉄色の気動車の走行シーンが美しく描かれている。山間の佐久広瀬駅、信濃川上駅付近の千曲川鉄橋、八ヶ岳からの名水「吐竜の滝」に架かる鉄橋（甲斐大泉〜清里間）など鉄道ファンにはおなじみの撮影名所が登場。車内では酒を勧められて慌てる車掌が、車内改札で寅さんの差し出すスルメにパンチを入れる。すると「スルメにハサミ入れてやんの」と寅さんが茶化す。

南アルプスや八ヶ岳のふもとを駆け抜ける小海線。甲斐小泉〜小淵沢間

「寅次郎夕焼け小焼け」

第17作／1976年

姫《き》新《しん》線《せん》

姫路〜新見

稲穂の黄色に赤の彼岸花……日本の秋

名作、「寅次郎夕焼け小焼け」（第17作／76年）の舞台は姫新線の本竜野。本編には列車は登場しないが、寅さんが行く野道に彼《ひ》岸花《がんばな》が咲き乱れ、日本の美しい秋が描かれている。私が旅したときも、姫新線の沿線には彼岸花の赤と稲穂の黄色が美しいコントラストを描き、思わず寅さんの旅を彷彿させた。姫新線の姫路寄りにはキハ122・127系電車が走り、本竜野駅もエレベーター完備の駅に。

秋色迫る姫新線を単行の気動車が走っていく。東津山〜美作大崎間

第19作／1977年

「寅次郎と殿様」
予《よ》讃《さん》本《ほん》線《せん》

高松〜松山

海に面した駅で物語は始まった

「寅次郎と殿様」（第19作／77年）は私の好きな1作である。時代劇映画のヒーロー「鞍馬天狗《くらまてんぐ》」を演じた嵐寛寿郎が寅さんに絡むのだから。冒頭の夢のシーンでは鞍馬天狗に扮した寅さんが登場し、ふんどしならぬ破れた股引《ももひき》を見せながら鮮やかなチャンバラシーンを演じる。夢から覚めるのが予讃本線（現・予讃線）長浜回りの下灘駅。海に面した旅情あふれる駅である。寅さんが寝ていたホームのベンチも、残っている。

海を目の前にする下灘駅

伊予の小京都、大洲市。予讃線の列車の向こうに大洲城が見える。西大洲〜伊予大洲間

第4作／1970年
第28作／1981年

「新・男はつらいよ」「寅次郎紙風船」

久《きゅう》大《だい》本《ほん》線《せん》

久留米〜大分

沈下橋を渡る寅さんと鉄道

久大本線は「新・男はつらいよ」（第4作／70年）のラストシーンでD60形が登場以来、「寅次郎紙風船」（第28作／81年）、「寅次郎の休日」（第43作／90年）などに数回にわたって登場。28作では名駅のひとつ夜明駅に降り立つ寅さんが描かれる。夜明〜筑後大石間に架かる筑後川鉄橋を行く気動車と、鉄橋の手前の沈下橋を渡る寅さんが美しい鉄道風景として登場。この場所には、私も過去に2度撮影に訪れている。夜明駅は老朽化が激しく、最近、新駅舎に建て替えられた。

現在の筑後川鉄橋を行く気動車。夜明〜筑後大石間

「寅次郎真実一路」

第34作／1984年

指宿《いぶすき》枕崎《まくらざき》線《せん》

西鹿児島～枕崎

開聞岳のすそ野を走り枕崎へ

「寅次郎真実一路」（第34作／84年）で、蒸発した夫を追って、ふじ子（大原麗子）と共に鹿児島に飛ぶ。鹿児島駅から市電に乗り、西鹿児島（現・鹿児島中央）駅から指宿枕崎線の車中で乗客に行方をたずね歩く寅さん。終点の枕崎駅は当時、鹿児島交通の駅に間借りしていた。途中の西大山駅はかつて日本最南端の駅として有名だったが、沖縄の「ゆいレール」の赤嶺駅にその座を奪われて「JR最南端駅」の表示になっている。

西大山駅はかつて日本最南端の駅であった

開聞岳のすそ野を走り抜ける指宿枕崎線。薩摩川尻～西大山間

「寅次郎純情詩集」

第18作／1976年

上田《うえだ》交通《こうつう》別所《べっしょ》線《せん》

上田～別所温泉

丸窓電車とさくらは絵になった

「寅次郎純情詩集」（第18作／76年）で、寅さんは晩秋の上田交通（現・上田電鉄）別所線に乗って別所温泉に向かう。丸窓電車モハ5250形の車中で、赤ん坊をあやすシーンが印象的だ。別所温泉で旅芝居の花形スター大空小百合（岡本茉莉）と出会い、その夜は座員たちに大盤振る舞い。結果は無銭飲食で警察のご厄介になるのだが、寅さんを引き取りに行くさくらが別所温泉に向かう電車も丸窓電車。さくらはちゃんと丸窓の前に座っている。大正ロマンを感じるシーンだった。現在は東急電鉄から譲り受けた7200系に丸窓を取り付けて当時を再現している。

その丸窓に稲穂の黄色が映える
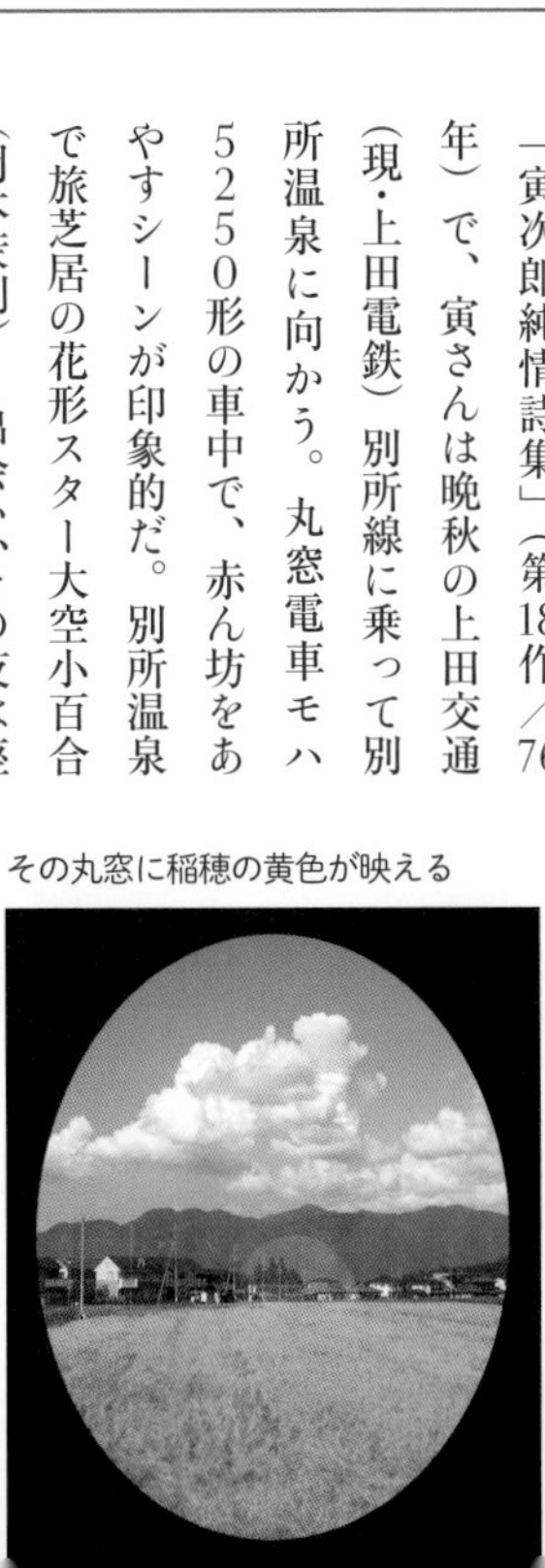

寅さんに残された廃線の記録

廃線跡探訪が鉄道ファンの間で静かなブームとなっているが、我らが寅さんの旅においても山田洋次監督は、やがて廃止されるであろうローカル線へ寅さんに旅をさせ、銀幕に登場させている。

それらの映像で今となっては貴重な鉄道の記録が、カラーワイドのフィルムにしっかりと記録され、色鮮やかによみがえる。

当時は現役で今は廃線になった鉄道は、国鉄胆振《いぶり》線、ＪＲ標津《しべつ》線、栗原電鉄、尾小屋鉄道、新潟交通、京福電鉄永平寺線、宮原線など数多いが、これらの鉄道ではやはり「柴又慕情」（第９作／１９７２年）での冒頭に登場した尾小屋鉄道の映像が印象に残る。

一方で、すでに廃線となった鉄道遺構がスクリーンに登場するのは、「寅次郎の告白」（第44作／91年）での北恵那鉄道の赤さびた木曽川橋梁跡と、「寅次郎真実一路」（第34作／84年）の鹿児島交通枕崎線の廃線跡である。

特に第34作のラストシーンでの鹿児島交通の廃線跡歩きの情景はショッキングであると同時に、寅さんの旅と共に懐かしい昭和の鉄道風景としてもしっかり映像に記録されている。

『男はつらいよ』をＤＶＤなどを見直して、こうしたマニアックな部分にとらわれて「寅さん」映画の本質を見過ごしてはならないが、今後は寅さんの旅の軌跡として思い出してみるのも一考であろう。

文・撮影／南 正時

「純情篇」長《なが》崎《さき》本《ほん》線《せん》支《し》線《せん》

第6作／1971年

長崎〜長崎港

長崎市内の貨物線廃線跡

「純情篇」（第6作／71年）で寅さんは長崎から五島列島に渡る。かつては長崎駅から長崎港駅までの支線が存在していた。この路線には戦前・戦中には東京駅から列車が直通運転され、長崎港駅からの「上海《シャンハイ》航路」の接続列車として国際列車の役割も担っていた。戦争の激化とともに旅客列車は廃止され貨物線として存続されたが、1987（昭和62）年には路線そのものが廃止されてしまった。71（同46）年に撮影された本編では五島に帰る絹代（宮本信子）と桟橋で出会うシーンのバックに、中島川鉄橋を渡るSL（C57形）の引く貨物列車が通過する。ほんのわずかではあるが、上海航路時代を彷彿させる蒸気機関車が登場して、当時の面影を残す興味深い場面である。長崎港駅への路線は廃線後に遊歩道となり、鉄橋のあった場所にはSLの動輪が記念碑として保存されている。

中島川鉄橋跡にSLの動輪が記念碑として保存されている

※路線名、駅名などは映画撮影時の名称としました。

第9作／1972年

「柴又慕情」

尾小屋鉄道《おごやてつどう》

新小松〜尾小屋

今も鉄道ファンに人気の軽便鉄道

「柴又慕情」（第9作／72年）のオープニングに登場する鉄道は、石川県の新小松駅と尾小屋との間を走っていた軌間が762㎜（JR在来線は1067㎜）の軽便鉄道・尾小屋鉄道で、鉄道ファン垂涎《すいぜん》の的。金平駅の待合室で寅さんが夢から覚めると、外では老駅員が「お客さん、乗りますか？　出ますよ」と言いつつ、バケットカーに牛乳を積み込んでいる。金平駅を排気ガスを吹かして発車してゆく気動車が遠ざかるシーンは、気まぐれな寅さんの旅のようであった。この鉄道は「柴又慕情」のロケから5年後に廃止された。

尾小屋鉄道のバケットカー

第9作／1972年

「柴又慕情」

京福電気鉄道永平寺線《けいふくでんきてつどうえいへいじせん》

東古市〜永平寺

大正ロマンレトロ駅

マドンナの歌子（吉永小百合）と永平寺線での出会いは、今はなき京善駅。夕暮れの歌子たちとの別れのシーンは京福電気鉄道の東古市駅で撮影が行われた。同駅は1914（大正3年）に開業した大正ロマンを漂わせるレトロな駅だ。歌子たちとのホームでのつらい別れの場面と、寅さんが夕暮れの駅前を寂しく歩くシーンが印象に残る。永平寺線は、2002（平成14）年に廃止され、終点の永平寺駅と途中の京善駅は姿を消し、京福電気鉄道は03年（同15）年に第三セクターえちぜん鉄道として再スタート。東古市駅は駅名が永平寺口に変わったが、優美な姿を今もとどめている。

廃止される前の京福電気鉄道永平寺線

「寅次郎わが道をゆく」

第21作／１９７８年

宮《みや》原《のはる》線《せん》

恵良〜宮原

石造りの長いホームが印象的

本編の冒頭の夢のシーンから目覚めた寅さん。場所はローカル線のホームのベンチで場所は九重《くじゅう》山地を望む国鉄宮原線の麻《あ》生《そ》釣《づる》駅。横長のシネマスコープの画面に広がる石造りの長いホームが印象に残るシーンだった。宮原線は、久大本線恵良〜宮原を結んでいた26・6㎞のローカル線で、１９８４（昭和59）年に廃止になった。沿線には素朴な山間の温泉が点在して、麻生釣駅の次の北里駅には北里柴三郎博士の生家がある。北里駅近くに架かるコンクリートアーチ橋群は２００４（平成16）年に登録有形文化財に登録されている。美しい橋と気動車とのツーショットが絵になった。

恵良〜宮原を結んでいた宮原線

「旅と女と寅次郎」

第31作／１９８３年

新《にい》潟《がた》交《こう》通《つう》電《でん》車《しゃ》線《せん》

白山前〜燕

雨上がりの走行シーン

新潟市内のとある大衆食堂で晩飯を食べている寅さんが縄のれんを分けて外に出ると、新潟交通電車線の電車が夕暮れの雨上がりの路面を走って行く風情あるシーンが登場する。国鉄関屋駅に近い新潟交通東関屋駅付近の1両だけのモハ10形の姿である。路面区間は１９９２（平成４）年、全線廃止は99（同11）年のことだった。

新潟交通電車線を走っていた電車

「夜霧にむせぶ寅次郎」

第33作／1984年

標《しべ》津《つ》線《せん》

標茶〜根室標津・厚床〜中標津

特別な思いがあるローカル線

本編に登場するローカル線は標津線だ。諏訪博一家が風子（中原理恵）の結婚式に出席するため、中標津空港から標津線に乗り換えて計《け》根《ね》別《べつ》駅に降り立つ。標津線は山田洋次監督にとっても特別な思いがある路線。かつて監督に「印象に残っているローカル線は？」とぶしつけな質問をしたところ「大地に向かって線路が延びる標津線が好きですね」と答えられた。名作「遥かなる山の呼び声」「家族」などにも標津線はたびたび登場しているから、同行のさくら役の倍賞千恵子さんも監督同様、標津線は感慨深いローカル線であろう。標津線は、JR北海道に移行後の1989（平成元）年4月に全線が廃止された。

寅さんシリーズ以外の山田監督作品にも登場する標津線

「寅次郎真実一路」

第34作／1984年

鹿《か》児《ご》島《しま》交《こう》通《つう》枕《まくら》崎《ざき》線《せん》

伊集院〜枕崎

痛々しい廃線跡

ラストシーンのローカル駅でポンシュウ（関敬六）と列車を待つ駅は、すでに廃止されていた鹿児島交通の旧伊作《いざく》駅。それに気づいたポンシュウが「これじゃ汽車がくるわけねえ」と言うと、飛行機嫌いな寅さんが「飛行機に切り替えよう」と簡単に言いのけてしまう。廃線跡となった伊作駅の俯瞰からズームバックしてゆくと、レールが剥がされた痛々しい駅構内を見せる。駅から続く枕木だけになった線路跡を、加世田方向に歩くふたりの後ろ姿が印象的だ。列車の走らない赤いガータートラスの鉄橋を歩く背景には金《きん》峯《ぼう》山がそびえている。このシリーズ屈指の名ラストシーンである。

鹿児島交通枕崎線の加世田駅

「寅次郎心の旅路」

第41作／1989年

栗《くり》原《はら》電《でん》鉄《てつ》

石越〜細倉

鉄道ファンに隠れた人気の私鉄

本編で寅さんはウィーンに飛ぶ。その華やかな旅の前に寅さんは、東北のローカル線栗原電鉄（のち、くりはら田園鉄道に改称）のタンコロ電車（1両編成）に乗っている。栗原電鉄は、JRや華やかな大手私鉄に目を向けがちな当時の鉄道ファンに隠れた人気私鉄だった。たった1両の小さな電車が広々とした田園風景を走っているのだから、これぞまさしくローカル線の風情と、山田洋次監督がこの鉄道に目を向けたのは当然の成り行きであろう。鉱山鉄道として歴史を刻んできたが、2007（平成19）年3月をもって廃止になった。

田園地帯の中を走る栗原電鉄の列車

「寅次郎の告白」

第44作／1991年

北《きた》恵《え》那《な》鉄《てつ》道《どう》

中津町〜下付知

鉄道遺構として今も残る木曽川橋梁

落合川駅は中津川の隣の駅で、改札口を出るとすぐ前を木曽川が流れている。本編でも鉄橋を渡る電車が登場するが、1973（昭和48）年まではD51形の撮影名所で、私も木曽路のD51形を追って何度も落合川通いをした。本シリーズの初期の作品にも、木曽路を走るD51形の勇姿が登場している。バスに乗り遅れ、渡し舟にも乗り遅れた一行は行商のおばさんが乗る小型船に同乗させてもらう。船出のポンシュウの頭上には赤さびた鉄橋が見える。78（昭和53）年に廃止された中津町駅と下《しも》付《つけ》知《ち》駅を結んでいた私鉄・北恵那鉄道の廃線跡の光景だ。現在も木曽川に架かったまま鉄道産業遺産として残っている。

近代化産業遺産となった北恵那鉄道のトラス橋

寅さんが乗り降りした駅舎

只見線会津高田駅は、「柴又より愛をこめて」（第36作／1985年）の冒頭で寅さんが夢から覚める駅である。残念ながら当時の木造平屋建ての駅舎は三角屋根の無人駅に建て替えられていたが、駅前の「小林食堂」は健在。ロケ当時はスタッフや俳優さんたちがここで「会津ラーメン」を食べたという。

訪れたとき、女将さんが当地の名物「会津みしらず柿」を振る舞ってくれた。東日本大震災の原発事故の風評被害で出荷を見合わせた柿だという。そういえば寅さんも阪神・淡路大震災の復興応援で被災地を訪れ、山田洋次監督は東日本大震災の復興に尽力された。小さな駅前食堂で、寅さんとのつながりを感じてうれしくなった。

駅には、それぞれの人生のドラマがあるといわれる。寅さんもまた、全国の駅に降り立ち、寅さん流の旅を実践してきた。

集団就職の少年少女たちを、温かい目で見送った越後《えちご》（新潟県）の駅。父親の死に目に間に合わせるために訪れた北海道の峠の駅、心地よい夢から覚める伊予灘の海辺の駅、傷心での柴又駅からの旅立ちなど、駅には寅さんの旅の原点があった。

「寅次郎紅の花」（第48作／95年）において、寅さんは因美線美作《みまさか》滝《たき》尾《お》駅で旅を終えた。そして、日本の鉄道の近代化とともに駅の形態も大きく変化してゆくであろうが、寅さんが訪れた駅は今も昭和の面影を残しながらたたずんでいる。

文・撮影／南正時

「望郷篇」
第5作／1970年

「寅次郎相合い傘」
第15作／1978年

小《お》樽《たる》駅《えき》

函館本線

上野駅をモチーフにしたレトロ駅

「望郷篇」（第5作／70年）、「寅次郎相合い傘」（第15作／78年）などで、寅さんが何度か降り立った駅。1934（昭和9）年に建てられた現在の駅舎は、上野駅をモチーフとしたレトロ駅舎で国の有形文化財に登録されている。

小樽駅舎は国の有形文化財

「寅次郎相合い傘」
第15作／1975年

蘭《らん》島《しま》駅《えき》

函館本線

改築されたが跨線橋は当時のまま

「寅次郎相合い傘」（第15作／75年）で寅さん、リリー（浅丘ルリ子）、パパさん（船越英二）たちが「ステーションホテル」として一夜を明かした駅。現在は改築されているが、ホームの跨線橋は当時のまま残っている。

函館本線の蘭島駅。現在は改築されている

「望郷篇」

銀《ぎん》山《ざん》駅《えき》

第5作／1970年　函館本線

峠の駅の風情を残す

「望郷篇」（第5作／70年）で寅さんが、D51形を追い掛けてたどり着く駅。無情にも貨物列車は銀山通過。SLマニアにはおなじみの駅で峠の風情が今も残る。当時の駅舎は改築され、無人駅になっている。

ホームに駅舎がポツネンと

「柴又より愛をこめて」

会《あい》津《づ》高《たか》田《だ》駅《えき》

第36作／1985年　只見線

駅前食堂の「小林食堂」は健在

「柴又より愛をこめて」（第36作／85年）の冒頭で宇宙旅行の悪夢から目覚める駅で、慌てて駅の便所に駆け込む寅さん。当時の駅舎は建て替えられたが、寅さんやスタッフも食べた会津ラーメンの「小林食堂」は健在。

三角屋根をいただくシンプルな駅舎

「奮闘篇」

驫《とど》木《ろ》駅《き》

第7作／1971年　五能線

日本海に面した旅情ある無人駅

「奮闘篇」（第7作／71年）でさくらが寅さんを追って下車する駅。日本海に面した旅情を感じる無人駅で、おそらく人気ナンバーワンの無人駅だ。

現在は秘境駅として人気がある驫木

「ぼくの伯父さん」

第42作／1989年

袋《ふくろ》田《だ》駅《えき》

水郡線

現在はログハウス風に建て替えらた

「ぼくの伯父さん」（第42作／89年）の冒頭で寅さんがお年寄り（イッセー尾形）と駅でけんか。駅長が仲裁に入りチョン。当時の旧駅舎は現在、ログハウス風に建て替えられた。

袋田駅。写真は旧駅舎時代の珍しいもの

「寅次郎夢枕」

第10作／1972年

日《ひ》出《で》塩《しお》駅《えき》

中央西線

ホームの古い待合室はそのまま

「寅次郎夢枕」（第10作／72年）の冒頭、古い待合室でD51形重連の汽笛で目が覚める寅さんが登場。駅構内をD51形重連が爆走し、山田監督は「スゲェ」と列車を見送ったという。駅舎は改築されたが古い待合室は健在。

駅舎は改築されて近代的に

「寅次郎紅の花」

第48作／1995年

美《みま》作《さか》滝《たき》尾《お》駅《えき》

因美線

木造平屋造りの風情ある駅舎

「寅次郎紅《くれない》の花」（第48作／95年）の冒頭で登場。寅さんはこの駅から、中国勝山までローカル線の旅をする。これが最後の鉄道旅。28（昭和3）年築の木造駅舎には、当時の面影が残る。国の有形文化財。

撮影当時のままに残る美作滝尾駅

「寅次郎と殿様」

第19作／1977年

下《しも》灘《なだ》駅《えき》

予讃本線

伊予灘の青い海がどこまでも広がる

「寅次郎と殿様」（第19作／77年）の冒頭で「鞍馬天狗」になった寅さんが夢から覚めるのが、予讃本線の下灘駅である。伊予灘に面した駅でホームからは青い海が一望。寅さんが寝ていたホームのベンチも当時のままだ。

寅さんが目覚めた海を目の前にする下灘駅

「寅次郎紙風船」

第28作／1981年

夜《よ》明《あけ》駅《えき》

日田彦山線・久大本線

すてきな駅名に引かれて

筑後川のほとりにある夜明駅。この駅名に引かれて私は何度訪れたであろうか。寅さんも「寅次郎紙風船」（第28作／81年）でこの旅情ある駅に降り立っている。駅名標や駅舎は建て替えられていて、当時の風情は薄い。

古い木造駅舎は2010年に新しく建て替えられた

「ぼくの伯父さん」

第42作／1989年

小《お》城《ぎ》駅《えき》

唐津線

城下町のレトロ駅から赤電話をかける

「ぼくの伯父さん」（第42作／89年）のラスト近く、さくらに電話をする寅さんがいた。忙しく10円玉を入れながらの通話。ホームに出れば枯葉舞う秋の駅……。寅さんの旅は時として寂しい。

昭和の香りが漂う小城の駅舎

「柴又慕情」

第9作／1972年

京福電気鉄道

東《ひがし》古《ふる》市《いち》駅《えき》

駅前を歩く寅さんの後姿が寂しい

当時は京福電気鉄道東古市駅。「柴又慕情」（第9作／72年）のロケ地。14（大正3）年に建てられた駅舎は国の有形文化財に登録されている。歌子たちとの別れ、夕暮れの駅から出てとぼとぼ歩く寅さんの後ろ姿が寂しい。

東古市駅。えちぜん鉄道に転換後、永平寺口と改称された

「寅次郎物語」

第39作／1987年

近鉄吉野線

大《や》和《まと》上《かみ》市《いち》駅《えき》

マドンナとの別れのシーンを撮影

「寅次郎物語」（第39作／87年）は母を訪ねて鉄道を乗り継ぐロードムービー。マドンナ（秋吉久美子）との別れのシーンを近鉄吉野線大和上市駅で撮影。駅を発車した電車がトンネルに消える。

近鉄大和上市に急行吉野行きが到着

「寅次郎純情詩集」

第18作／1976年

上田電鉄

中《なか》塩《しお》田《だ》駅《えき》

当時の面影を残して再建された駅舎

「寅次郎純情詩集」（第18作／76年）の冒頭、駅前にある床屋のシーンで登場するレトロ駅舎。この駅から当時の丸窓電車が発車する。現在の駅舎は当時の美しい駅舎の面影を残して再建したものだ。

昔の駅舎の面影を残して再建した中塩田駅

寅さんを乗せた列車たち

寅さんもまた市井《しせい》の人、寅さんならではのローカル線を利用した旅だった。新幹線や特急列車とはおよそ無縁の「寅さん流」の旅だったが、1969（昭和44）年から2019（令和元）年までの50年間にわたるその旅には美しい日本の鉄道が描かれていた。

なかでも初期の作品には蒸気機関車が数多く登場して、私たちSLファンを驚喜させた。寅さんのキャラと、寅さんを思わせる豪快なD51形をダブらせてSLを追った時代も今は懐かしい思い出だ。

そして、寅さんが地方私鉄のローカル線にまで温かい目を向けていたのも、鉄道ファンのひとりとしてはうれしいことだった。たとえば「柴又慕情」（第9作／72年）の冒頭に登場する今は無き軽便鉄道の尾小屋鉄道での寅さんとの情景は、忘れがたい日本の鉄道の原風景だ。

「望郷篇」（第5作／70年）では、小樽築港機関区ロケを通じて機関士たちにも目を向けている。添乗して機関士を見た山田監督は言う「一つの仕事を一生かけてずっと貫いた人には一種の精神性が出てくるというかな。高貴な顔になっていますね」（南正時のインタビューから）と。

映画を見ていると鉄道ファンの性《さが》か、どうしても駅、車両に目が向いてしまう。そこでこれまでの寅さんの鉄道の旅を実証しながら、登場したさまざまな鉄道、車両などをピックアップしてみた。

車両解説／斉藤 幹雄　文・撮影／南 正時

1115両製造されたD51形。現在も2両が動態保存されている

D51形

日本を代表する機関車デコイチ

主に貨物輸送のために1936〜45（昭和11〜20）年に、主要メーカー5社と国鉄（当時の鉄道省）8工場で合計1115両が製造された、テンダー式機関車。車体の基本ベースとなったのは、それ以前に開発されたD50形で、ボイラー使用圧力を上げ、リベット接合部を電気溶接とするなど、構造上の見直しが多くなされている。単一形式で1000両以上も製造されたため、形態的に大きく分けて初期形・標準形・戦時形の3タイプに分類される。

製造初年＆メーカー…
1935（昭和10）年／日本車輛・日立製作所・川崎車輛・汽車製造ほか
全長…
19.7m
総重量…
125.7t（炭水車含む）

伯備線布原信号場（現・布原駅）〜備中神代間。1971年撮影

D60形

全国に4両が静態保存

ローカル線向けの貨物用蒸気機関車として、D50形のうち状態の良好な車両を軸重軽減改造し、線路条件の悪い路線にも入線できるように、D50形の車軸配置の変更などが実施された。1956（昭和31）年までの5年間に78両が改造され、根室本線・磐越東線・紀勢本線・山陰本線・山口線・筑豊本線・久大本線などで運用された。電化・ディーゼル化により廃車が始まり、最終的に74（同49）年8月に形式が消滅した。

筑豊本線直方駅。1972年撮影

製造初年＆メーカー…
1951（昭和26）年／
国鉄浜松工場・
長野工場・土崎工場
全長…
17.2m
総重量…
130.5t（炭水車含む）

C62形

東海道、山陽道を駆け抜けた大型車

戦後の旅客輸送増に対応するため49両が製造された。広島・糸崎・下関・岡山などの各機関区に配置され、東海道本線の特急「つばめ」「はと」、山陽本線の特急「かもめ」といった主要幹線の最優等列車に運用された。最後に活躍したのは北海道で、一部改造を受けたC62形が主に函館本線を走る急行「大雪」「まりも」「ニセコ」など北海道内の主要列車に充当されたが、1971（昭和46）年にディーゼル機関車に置き換えられて引退した。

デフレクター（除煙板）に「つばめ」のマークを掲げていた2号機

製造初年＆メーカー…
1948（昭和23）年／
日立製作所・川崎車輌・
汽車製造
全長…
21.5m
総重量…
145.2t（炭水車含む）

C57形

全国で活躍。愛称は〝貴婦人〟

国鉄を代表する旅客用テンダー式蒸気機関車で、1947（昭和22）年までに合計201両が新造された。四国を除く全国各地で旅客列車の牽引（特に優等列車クラス）に運用され、軸重制限により、軸重の重かったC53形・C59形といった機関車が入線できなかった亜幹線区にも入線が可能となった。全長の割にボイラーが細く見え、スタイルがスマートなことから〝貴婦人〟との愛称で親しまれ、保守管理面でも扱いやすかったためSL時代末期まで活躍した。

貴婦人の愛称で親しまれたC57形。現在も2両が動態保存されている

製造初年＆メーカー…
1937（昭和12）年／川崎車輌・汽車製造・三菱重工業・日立製作所
全長…
20.2m
総重量…
115.5t（炭水車含む）

C58形

ローカル線のエース機関車

ローカル線向け客貨両用の万能機として竣工した、テンダー式蒸気機関車。1947（昭和22）年までに431両が製造され、全国各地のローカル線や都市部の入換機として配属。ローカル列車牽引が目的であったため優等列車への充当はほとんどなく、わずかに急行「大雪」の普通列車としての末端区間（北見〜網走間）で使われた。動力近代化計画推進に伴い、63（同38）年からSLの廃車が始まったが、C58形は75（同50）年まで生き残った。

主にローカル線で活躍したC58形。現在も2両が動態保存されている

製造初年＆メーカー…
1938（昭和13）年／川崎車輌・汽車製造会社
全長…
18.2m
総重量…
100.2t（炭水車含む）

キハ58系

国鉄を代表するディーゼルカー

製造初年&メーカー…
1961（昭和36）年／
日本車輌・富士重工・
新潟鐵工所・帝国車輌・
東急車輌
全長…
21.3m
自重…
38.0t（原形車）
定員…
84人（原形車）

1961（昭和36）年3月、長距離急行運用のため製造された、まさに国鉄形気動車（DC）をイメージする代表的形式。21m級の大型車体にクリームと朱色のカラーをまとい、車内はデッキ付きでクロスシートを配置し、車端部にはトイレ・洗面所。運用エリアに特化した装備を施した区分番台を含め、最終的に68（同43）年までに計1823両が製造された。国鉄非電化区間の輸送近代化に大きく貢献し、長らく急行形DCの主力の座を占めていた。

主に急行列車で運用されたキハ58系

キハ22形

寒冷地向け耐寒仕様車

製造初年&メーカー…
1958（昭和33）年／
日本車輌・富士重工ほか
全長…
20.0m
自重…
32.0t（初期車）
定員…
81人

暖房能力強化、一段上昇式側面窓の小型化・二重化などの装備を施して保温性に最重点を置いた耐寒仕様車として、1958～63（昭和33～38）年に合計313両が製造されたDC。デッキ部には仕切りが付き、車端部に小さなロングシートがあるほかは4人掛けクロスシートを配置した車内レイアウトは、急行形キハ58系（道内はキハ56系）と遜色ないため、一部の急行列車にも使われた。暖房効果が高いことから、北海道のみならず東北地方でも使われた。

前面は一般的なキハ20形などと同形だが、小型二重窓など側面の形状が異なる

キハ35系

大都市近郊用の通勤形DC

製造初年&メーカー…
1961（昭和36）年／
日本車両・新潟鐵工所・
富士重工・東急車輌ほか
全長…
20.0m
自重…
32.4t（期は30初期者）
定員…
128（内座席56）人
（キハ30）

1961（昭和36）年に登場した通勤型DC。大都市近郊の通勤需要が高い線区向けに、通勤形電車101系を基本としたオールロングシート・切妻車体の3扉車。総勢413両が千葉・新潟・九州地区を中心に運用されたが通勤需要が高い線区は次々と電化。このため後年は転属を繰り返す流浪の身で、末期はローカル線にも充当されたが、その座席構造から旅情派には人気がなかった。現在、水島臨海鉄道でキハ30形1両が配置されているのみ。

JR線からは全車撤退したキハ35系

50系客車

ドアの自動化で安全性を高める

製造初年&メーカー…
1977（昭和52）年／
新潟鐵工所・富士重工
全長…
19.5m
自重…
29.5t（オハフ50形）
定員…
92（内座席67）人
（オハフ50形）

老朽化が進んだ旧型客車置換え用として、1977（昭和52）年から製造開始された一般形客車。82（同57）年までの5年間にオハ50形335両、オハフ50形488両の計823両が、荷物車・郵便車を含めると合計1139両がデビューした。最大の〝売り〟はドアの自動化で、それまでの手動式だった旧型客車のドアと比較して安全性が飛躍的に向上。また、交流電気機関車と同じ赤2号のカラーをまとい、「レッドトレイン」の愛称で親しまれた。

現在も観光用のSL列車の客車として少数が残る

京成 500形

青電の名前で一世を風靡

「青電」は戦後、京成電鉄自社線内のみ運用される電車に塗られた車体色を指して定着した愛称で、1952（昭和27）年に登場した2100形から本格採用され、一世を風靡《ふうび》した。その後順次、「赤電」と呼ばれる、アイボリーとオレンジのツートンカラー後継車への置き換えが進み、写真の514Fは京成電鉄最後の営業用釣り掛け式駆動車として最後まで残存した編成で、80（同55）年4月の廃車まで「青電」カラーのままであった。最終的に82（同57）年に消滅。

「青電」と親しまれた500形

車体更新&メーカー…
1966（昭和41）年／大栄車両
全長…
18m
定員…
140人

京成 3300形

京成の顔として長年活躍

都営地下鉄浅草線乗り入れと輸送力増強のために、1968（昭和43）年から54両が製造された3扉仕様の通勤形電車。その端正な前面貫通形スタイルは、京成電車の〝顔〟として沿線住民に親しまれた。後年、行先表示器取付や冷房化、車体色変更等の改造が実施されているが、おおむね原形をとどめていた。このため、2009（平成21）年6月には京成電鉄創立100周年を記念して、同形式にかつて存在した3種類の車体色を1編成ずつリバイバル塗装した。

京成電車の顔として活躍したが2015年に全車引退した

製造初年&メーカー…
1968（昭和43）年／日本車輌・東急車両・汽車製造
全長…
18.0m
（4連で編成長72m）
4連時の自重…
136t
4連編成定員…
560（内座席204）人

尾小屋鉄道

キハ2形

ファンを魅了したナローゲージ

製造初年&メーカー…
1938年／日立製作所
全長…
11.8m
自重…
11.7t
定員…
52人
軌間…
762㎜

寅さんが尾小屋鉄道を訪れたのは、「柴又慕情」（第9作／1972年）であった。尾小屋鉄道は、新小松と尾小屋との間を結んでいた非電化の軽便鉄道で77（昭和52）年に廃止された。寅さんは当時唯一の列車交換駅・金平の待合室で夢から覚めて、気動車に乗り込む。当時はキハ3形と、バケットカーといわれるキハ2形が主力で、廃止後、同車は、旧尾小屋鉄道駅跡の車庫内に保管されている。（非公開）

バケットカーと呼ばれたキハ2形

上田交通

モハ5250形

上田交通の「丸窓電車」

製造初年&メーカー…
1927（昭和2）年／日本車輌
全長…
14.7m
自重…
32.7t
定員…
100（内座席40）人

別所線の前身・上田温泉電軌が輸送力増強のために、3両新造した半鋼製ボギー車。リベットだらけの車体は、当時の地方私鉄の標準タイプであるが、昭和初期のモダニズムの影響もあり両側に2枚の楕円《だえん》形をした戸袋窓がある。このため「丸窓電車」の愛称で親しまれた。1986（昭和61）年10月の1500V昇圧時に廃車となるまでの58年間、一貫して別所線を離れたことのない〝ヌシ〟的存在。現在も3両ともに現存している。

楕円形の戸袋窓が特徴のモハ5250形

栗原電鉄

C15形

東北では画期的なスタイル

1955(昭和30)年9月の1067㎜改軌時に3両新造した電車がM15形。写真のC15形はその翌年、旧阪急木造車の下回りにM15形をベースにした新造車体を載せた制御車。当時の東北のローカル私鉄としては、画期的なスタイルだった。電車形式にアルファベットを使用しているのが当時としては斬新で、Mは電動車、Cは制御車、形式は車体長を表す。C15形はラッシュ時の増結用であったが晩年は乗客減でほぼ使われず、95(平成7)年4月に廃車。

製造初年&メーカー…
1956(昭和31)年/ナニワ工機
全長…
15.7m
自重…
27.0t
定員…
125(内座席52)人

第三セクター化まで使用されたC15形

特急

「はやぶさ」

国鉄の花形ブルートレイン

1958(昭和33)年10月1日、東京~鹿児島間を結ぶ列車としてデビューした。65(同40)年7月20日には20系客車化され、運行区間が東京~西鹿児島(現・鹿児島中央)間に変更。国鉄の花形列車としてA・B寝台、食堂車を連結した豪華編成で運行し、全盛期の昭和40年代には東京と九州を結ぶ日本一長い走行距離を走るブルートレインとして人気を博した。76(同51)年10月に24系に置き換えられ、JR化後の97(平成9)年11月には運転区間を東京~熊本に短縮し、食堂車も廃止。2009(平成21)年3月13日改正で併結運転していた「富士」とともに廃止され、東京発着のブルートレインは全廃となった。

EF65形500番台が牽引する「はやぶさ」

第5章

『男はつらいよ』全作品紹介

山田洋次監督が生んだ、国民的映画『男はつらいよ』。その長きにわたって続いた人気の秘密は何か？誕生の経緯、渥美清の生前に撮影された全48作のあらすじ、見どころ、そして気になる鉄分度を紹介しよう。

全50作品、84時間49分を楽しむ

テレビ版「男はつらいよ」誕生

足かけ50年、50作という長寿シリーズとなった映画『男はつらいよ』は、映画化される以前、テレビドラマとして放映されていた。渥美清主演で、1968（昭和43）年から69（同44）年にかけて26回オンエアされた。当時、渥美はすでにコメディアンとしての地歩を固めつつあった。NHKテレビ「夢であいましょう」にレギュラー出演、フジテレビの連続ドラマ「大番」や「男はつらいよ」の原点ともいえるTBS「泣いてたまるか」などで主役を張っていたのである。

フジテレビのディレクター・小林俊一は、渥美の主演で新たに連続ドラマをつくるべく、松竹で質の高い喜劇映画を送り出していた山田洋次に目をつけた。小林が、山田に台本の依頼に行くと、渥美に会いたいという話になった。で、渥美を伴って、山田が執筆に使っていた赤坂の旅館を訪れた。山田は、渥美から鮮烈な印象を受けた。

文 岡村直樹

映画『男はつらいよ』シリーズ
1969～2019年製作 全50作品

メインスタッフ

原作：山田洋次
監督：山田洋次（第1・2作、5～50作）
　森﨑 東（第3作）、小林俊一（第4作）
脚本：山田洋次（第1～50作）
共同脚本：森﨑東（第1作）
　小林俊一（第2・3作）
　宮崎 晃（第2～6、11作）
　朝間義隆（第7～49作）
　レナード・シュレーダー（第24作）
　栗山富夫（第24作）
　朝原雄三（第50作）
撮影：高羽哲夫（第1～49作）
　長沼六男（第48・49作）
　近森眞史（第50作）
音楽：山本直純（第1～50作）
　山本純ノ介（第47～50作）

画像提供／松竹株式会社

「二、三日続けて私のいた宿に来てもらっていろいろ聞きました。（中略）テキ屋についてはその口上にいたるまで全部聞かせてくれました。（中略）彼の話を聞いていると、自分の眼の前にふつふつとイメージがわいてきて、それがぐんぐんふくらんで、いつの間にか自分がその話を実際に見たような気持ちになってしまった」（『映画をつくる』）

渥美は渥美で、前々から山田の才能に目をつけていたらしく、「テレビ版の脚本は山田に」と主張していたという。

テレビ版「男はつらいよ」は、こうして世に出た。物語は、家出したまま音信不通だった寅次郎が、突如として柴又に帰ってくる。団子屋の「とらや」では妹・さくら（長山藍子）と叔父夫婦（森川信、杉山とく子）が店を守っている。半年ばかり店に居つく寅さんだが、とんだトラブルメーカー。その間、さくらと博（井川比佐志）の結婚、葛飾商業の恩師（東野英治郎）との交流、恩師の娘・冬子（佐藤オリエ）への思慕……。そして、冬子に結婚相手が現れ、寅は失恋する。かくして寅は一獲千金を夢見て奄美大島に渡り、ハブに噛まれて亡くなる。

すると、最終話が放送終了したとたん、抗議の電話が殺到。

「なぜ寅を殺した」「てめえの局の競馬は二度と見ねえ！」

寅さん、楽しい夢をありがとう

意を強くした山田は、映画化の企画を松竹に持ち込んだ。企画会議はもめにもめたが、山田が粘り勝った。

メインキャスト

車 寅次郎：渥美 清
諏訪さくら：倍賞千恵子
諏訪 博：前田 吟
諏訪満男：中村はやと（第2～26作）、
吉岡秀隆（第27～50作）
おいちゃん（車 竜造）：森川 信（第1～8作）、
松村達雄（第9～13作）、
下條正巳（第14～48作）
おばちゃん（車 つね）：三崎千恵子
タコ社長（桂梅太郎）：太宰久雄
御前様：笠 智衆
源公：佐藤蛾次郎

製作・著作：松竹株式会社

『男はつらいよ』シリーズのデータベースや最新情報は公式サイトから

https://www.cinemaclassics.jp/tora-san/

映画版「男はつらいよ」（第1作）の公開は69年。むろん、主演は渥美だ。世はまさに高度経済成長のまっただなか。少しでも多くの給料を稼ぎ、経済的に豊かな暮らしを――という思考がまかり通っていた。反面、組織の管理化は社会の隅々にまで浸透し、人々はその重圧に窒息しかかっていたのである。

そんな中、「もろもろの卑しい欲望――物欲・名誉欲から知識欲にいたるまで、みんなどこかに忘れ去って、トランクを片手にぶらさげ、澄み切ってカーンと音のしそうな頭でのんびり旅を」（『映画館《こや》がはねて』）する男・車寅次郎が現れたのである。浮世離れした男を銀幕に見いだした人々は、管理社会の息苦しさから解放され、こころなぐさめられたのであった。

思わぬ好評に、山田監督すら予想しなかったシリーズ化が実現する。第1作で54万人強だった観客動員数は尻上がりに増え、「寅次郎夢枕」（第10作／72年）に至って200万人を超えた。「私の寅さん」（第12作／73年）は242万人に迫る記録を打ちたてた。観客は銀幕に映し出される寅さんの一挙手一投足に、笑い、涙した。舞台となった葛飾柴又は、人気観光スポットに。シリーズは「国民映画」と称されるほどに成長したのだった。

そんなシリーズも、96（平成8）年8月に渥美が没して、一旦幕を閉じた。以来、日本文化論を専攻する外国人研究者のなかには、いまだに『男はつらいよ』を研究素材とする者がいるほどだ。研究対象は、登場人物に限らず観客の反応の仕方もまた研究対象らしいのである。また、若い人たちが新しいファンになるケースも増えている。寅さんはわれわれにメッセージを送り続けているのである。

『男はつらいよ』シリーズDVD・ブルーレイ発売情報

『男はつらいよ』シリーズ
第1作～第48作、特別篇
DVD価格：1980円（税込）
ブルーレイ価格：3080円（税込）

『男はつらいよ　お帰り 寅さん』
DVD価格：4180円（税込）
ブルーレイ価格：5170円（税込）

『男はつらいよ 全50作DVDボックス』
価格：8万5800円（税込）

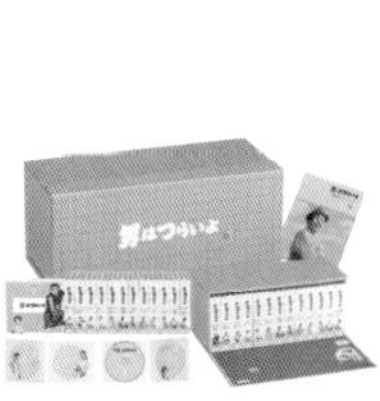

『男はつらいよ 全50作ブルーレイボックス』
価格：14万8500円（税込）

発売・販売元：松竹
※2023年6月時点での情報です

01

男はつらいよ

あらすじ　東京は葛飾柴又の団子屋に人騒がせな男が帰ってきた。20年前、父親に血の出るほどぶん殴られて家出していた車寅次郎だ。旅暮らしの香具師が稼業のフーテン男。すでに両親ともに亡く、店はおいちゃん、おばちゃんが切り盛り。腹違いの妹・さくらも娘ざかりだ。

もっともらしい挨拶を披露したものの、たちまち馬脚をあらわす寅さん。さくらの見合いをぶちこわしてしまったのだ。だが、さくらはめでたく結婚する運びに。「とらや」の隣にある印刷工場で働く諏訪博がさくらに恋焦がれているのを知った寅さんが、仲を取り持ったのだった。しかし、おのれの、御前様の娘（光本幸子）への恋は手痛い失敗に終わった。

見どころ　「とらや」へは、京成電鉄柴又駅からが素直な道順。が、故郷に錦を飾ろうとする寅さんは、劇的効果をねらったのか、矢切の渡しの道順を選んだ。

封切り日	1969（昭和44）年8月27日
上映時間	91分
マドンナ	光本幸子
ゲスト	志村喬、津坂匡章（現・秋野太作）
主なロケ地	奈良県奈良市
鉄分度	★★☆☆☆
備考	1959年に初代「赤電」3050形が登場。

02

続・男はつらいよ

あらすじ　旅に出ようとした寅さんは、学生時代の恩師・散歩先生（東野英治郎）とその娘・夏子（佐藤オリエ）と再会。散歩の家で酒盛り中、胃けいれんを起こし、入院。しかし、病院を脱走し、無銭飲食のカドで警察沙汰を起こす。恥じた彼は、旅に出る。

京都で先生親娘と出会い、先生の勧めで実母・菊（ミヤコ蝶々）に会いに行く。生き別れた母との再会に胸躍らせた寅さんだが、ラブホテルを経営している菊から「金の無心か」と悪態をつかれ、大ゲンカとなる。

柴又に舞い戻った寅さんを待っていたのは、病に倒れた散歩先生だった。病床の散歩のために、江戸川でウナギを釣るなど奮闘努力する寅さんだったが……。

見どころ　東野英治郎と佐藤オリエは、テレビ版「男はつらいよ」のメインキャスト。のち、定番となる冒頭の夢のシーンが初めて登場する。

封切り日	1969（昭和44）年11月15日
上映時間	93分
マドンナ	佐藤オリエ
ゲスト	東野英治郎、ミヤコ蝶々、山崎努
主なロケ地	京都府京都市
鉄分度	★★☆☆☆
備考	『男はつらいよ』にSL初登場。冒頭の柘植（つげ）駅構内で入れ換えのシーン。

03

男はつらいよ フーテンの寅

あらすじ　柴又に戻った寅さんに、見合い話が。相手は料亭の仲居(春川ますみ)。ところが相手は寅さんの知り合いで、別居中の夫の子を宿していたから大騒動。

しばらくして、おいちゃん夫婦が三重県の湯の山温泉に骨休めに行くと、番頭として顔を出したのが寅さんだったので、びっくり仰天。聞けば、旅館の女将・志津（新珠三千代）に惚れて番頭になったという。志津のためとばかり、獅子奮迅のはたらきを示す寅さん。

さらに志津の弟（河原崎健三）と芸者の染奴(香山美子)が恋仲と知って仲立ちする。だが、志津にはすでに意中の人がいて、寅さんの恋はあえない結末に。傷心の寅さんは「亭主持つなら堅気をお持ち…」と歌いつつ去る。

見どころ　本作は、喜劇映画に定評ある森崎東が監督。寅さんのいでたちが他の作品とまるで違う。本作でぶった寅さんのインテリ論が、東大の入試問題になった。

封切り日	1970（昭和45）年1月15日
上映時間	90分
マドンナ	新珠三千代
ゲスト	香山美子、河原崎健三、花沢徳衛
主なロケ地	三重県湯の山温泉
鉄分度	★★☆☆☆
備考	タイトルバックに集煙装置付きのD51形の疾走シーンがある。

04

新・男はつらいよ

あらすじ　名古屋競馬で大穴を当ててタクシーで凱旋した寅さん、おいちゃん夫婦をハワイに連れて行くことに。が、旅行会社の社長が金を持ち逃げ。外聞が悪いと、旅行に出たふりをして「とらや」の店内に潜む。間が悪いことに、そこへ泥棒（財津一郎）が侵入。弱みを握られた寅さんは追い銭を渡して退散願うつもりも、結局は町中の知るところとなる。

居たたまれなくって旅に出た寅さんが「とらや」に戻ってみると、2階には幼稚園の春子先生（栗原小巻）が下宿していたから、さあ大変。たちまち春子に熱を上げた寅さんは、幼稚園に通いつめ、園児とお遊戯に興じる。が、彼の恋はまたも成就しないのであった。

見どころ　すっかり園児の気分になった寅さんが「春が来た」を歌いつつ「とらや」に帰ってくる際の、おいちゃんの反応が爆笑もの。テレビ版の演出家・小林俊一が監督した作品。

封切り日	1970（昭和45）年2月27日
上映時間	92分
マドンナ	栗原小巻
ゲスト	横内正、三島雅夫、財津一郎
主なロケ地	愛知県名古屋市、羽田空港
鉄分度	★★★☆☆
備考	ラストシーンに由布岳バックに旧型客車を引くD60形の爆走シーンがある。

05

男はつらいよ　望郷篇

あらすじ　かつて世話になった北海道の政吉親分（木田三千雄）が危篤と聞かされた寅さんは、登とともに渡道。親分は苦しい息の下で、ほったらかしていた息子（松山省二＝現・政路）に会いたいと懇願。しかし、機関士の息子はすげなく拒否。浮き草稼業のむなしさを痛感した寅さんは、柴又に戻って堅気の道を志す。

だが、就職口をことごとく断られ、ヤケになって江戸川の川船でフテ寝する。ところが、その船が流され河口の浦安へ。浦安の豆腐屋に住み込んだ彼は、そこのひとり娘・節子（長山藍子）に一目ぼれ。ひょっとしたらとの淡い期待にそそのかされて、油まみれになって働く。しかし、ここでも彼は愛の女神に見放された。

見どころ　小樽〜小沢間の蒸気機関車の走行シーンは、重厚感たっぷり。「とらや」一家に囲まれて、どんな仕事がふさわしいかを話し合う場面は無類のおかしさ。

封切り日	1970（昭和45）年8月26日
上映時間	88分
マドンナ	長山藍子
ゲスト	井川比佐志、松山省二、杉山とく
主なロケ地	北海道札幌市・小樽市、千葉県浦安町（現・浦安市
鉄分度	★★★★★
備考	小樽築港機関区ロケでC62形、D51形が登場。小樽〜小沢間の走行シーンも。

06

男はつらいよ　純情篇

あらすじ　長崎の港で赤ん坊連れの女・絹代（宮本信子）にさくらの面影を見た寅さんは、一夜の宿賃を貸す。

五島列島に帰郷する彼女に同行した寅さん。絹代とその父（森繁久彌）の話を聞いているうちに、里心がついて柴又に帰る。

「とらや」では、おばちゃんの遠縁にあたる夕子（若尾文子）が、夫と別居して間借りしていた。自分の部屋が貸されていることに大むくれになった寅さんだが、相手が和服美人の夕子と知って、態度が豹変。旅に出ると息巻いていたのをコロリと忘れ、夕子にまとわりつく。

しかし、小説家である夕子の夫が迎えに来て、寅さんの恋は不発に終わった。

見どころ　渥美が尊敬していた森繁とからむシーンは、忘れがたい名場面。寅さんにとって大ある女性との道ならぬ恋はタブー。禁断の恋に苦悩する寅さんが哀れである。

封切り日	1971（昭和46）年1月15日
上映時間	89分
マドンナ	若尾文子
ゲスト	森繁久彌、宮本信子
主なロケ地	長崎県福江島
鉄分度	★★☆☆☆
備考	廃線となった長崎港への路線にC57形の引く貨物列車が中島川橋梁を渡る。

07

男はつらいよ 奮闘篇

あらすじ　生みの親の菊（ミヤコ蝶々）が、寅さんに会いに柴又を訪ねてきた。が、寅さんは旅稼ぎで留守。ひょっこり帰ってきた彼は、母親などに会いたくないと意地を張る。さくらの説得で会ったものの、結婚話で大ゲンカとなり、寅さんは再び旅へ。

寅さんは、沼津市のラーメン屋で少女と知り合う。青森県から出てきた花子（榊原るみ）だった。同情した彼は、迷子札替わりに「とらや」の住所を書いて渡す。

柴又に戻った寅さんは、花子が「とらや」にいたのでびっくり。おいちゃん夫婦が預かるが、寅さんの過保護ぶりにうんざり。ある日、花子の身元引受人の福士先生（田中邦衛）が訪ねて来て、彼女を青森へと連れ帰ってしまう。

見どころ　青森の寅さんから手紙が届く。不吉な文面に不安になったさくらが迎えに行く。五能線驫木駅に降りるさくら。日本海の風景とひなびた駅舎がいい。

封切り日	1971（昭和46）年4月28日
上映時間	91分
マドンナ	榊原るみ
ゲスト	田中邦衛、柳家小さん、ミヤコ蝶々
主なロケ地	静岡県沼津市、青森県鰺ヶ沢町
鉄分度	★★★★☆
備考	只見線では就職列車を引くC11形が寅さんを残して発車していく。

08

男はつらいよ 寅次郎恋歌

あらすじ　博の母が危篤との報に、さくらと博は取るものも取りあえず岡山県高梁市へ。が、母は帰らぬ人となった。その葬式の日、ひょっこり寅さんがあらわれる。そして、トンチンカンなことばかり仕出かす。

皆が帰ったあと、博の父（志村喬）を心から慰める寅さん。学者として研究一筋に歩んできた父親は、「庭先に咲いたリンドウの花」を引き合いに、家族団欒の内にこそ幸福がある、と寅さんを諭す。

深く心を動かされた寅さんは、柴又に帰って博の父親の言葉を受け売りする。その舌の根も乾かぬうちに、喫茶店の女経営者（池内淳子）にのぼせ上がる。彼女から「一緒に旅ができたら」と告白され、寅さんは身を引くのだった。

見どころ　テレビ版からおいちゃんを演じてきた森川信の最後の作品。3人が扮したおいちゃん役のなかで、もっとも寅さんの縁続きらしい性格を演じきった。

封切り日	1971（昭和46）年12月29日
上映時間	113分（48作中最長）
マドンナ	池内淳子
ゲスト	志村喬、吉田義夫
主なロケ地	岡山県高梁市
鉄分度	★★★★☆
備考	備中高梁ロケでは市内随所にD51形が効果的に「出演」している。

09

男はつらいよ 柴又慕情

あらすじ　「貸間あり」の札を目にした寅さんは、怒って「とらや」を飛び出し、不動産屋へ。その主人（佐山俊二）に案内されたのが、あろうことか「とらや」。怒り心頭の寅さん、あとも見ずに柴又を去って金沢へ。

そこでOL3人組と道連れとなり、東尋坊の観光など北陸路を旅する。3人のうちで、寂しげな歌子（吉永小百合）に心引かれる寅さんだった。

ある日、歌子が柴又を訪ねて来る。婚期を迎えた娘を手放すことができない小説家の父(宮口精二)との仲がギクシャクしているという。恋人がいるのだが、あとに残る父が心配で結婚に踏み切れない。恋人がいると知った寅さんは、歌子の前から姿を消すのだった。

見どころ　当時、人気絶頂の吉永をマドンナに迎えての作品。本作からおいちゃん役として松村達雄が登場。この年から盆、暮れの年2作公開が定着。

封切り日	1972（昭和47）年8月5日
上映時間	107分
マドンナ	吉永小百合
ゲスト	宮口精二、佐山俊二
主なロケ地	石川県金沢市、福井県東尋坊
鉄分度	★★★★★
備考	廃止されたローカル線、尾小屋鉄道金平駅のシーンは貴重な軽便鉄道の映像。

10

男はつらいよ 寅次郎夢枕

あらすじ　「とらや」の2階にインテリが引っ越してきた。東大の岡倉助教授（米倉斉加年）。インテリ嫌いの寅さんだが､御前様の頼みとあってはむげにもできない。そこへ、近くに美容院を店開きした千代（八千草薫）が顔を見せた。寅の幼なじみだ。離婚したと聞いた寅さんは、にわかに張り切り、美容院に押しかけては千代の面倒をみる。

また寅さんの病気かと戦々恐々の「とらや」一家だが、さらなる厄介の種が。岡倉が千代に一目ぼれ。それと察した寅さんは、ふたりの仲を取り持つことに。

亀戸天神に誘って話を切り出したところ、千代は寅さんのプロポーズと勘違いして喜ぶ。及び腰になり､オロオロするばかりの寅さんだ。

見どころ　名だたる大スターが、ちょい役で出演するのもこのシリーズの魅力。今回は田中絹代が出演。さくらがアパート内で洋裁の内職を始める。

封切り日	1972（昭和47）年12月29日
上映時間	98分
マドンナ	八千草薫
ゲスト	田中絹代、米倉斉加年
主なロケ地	山梨県甲府市、東京都亀戸天神
鉄分度	★★★★☆
備考	夢から覚める寅さんの背後に日出塩駅を通過するD51形重連が迫力満点。

11

男はつらいよ 寅次郎忘れな草

あらすじ　満男のためにピアノが欲しいというさくらの言葉を聞いて、寅さんが奮発したのはおもちゃのそれ。これが発端でひと騒動、寅さんは「とらや」を出る。

寅さんは、網走に向かう夜汽車のなかで、涙をぬぐう派手な女性を見かける。翌日、網走の橋で、ふたりは初めて言葉を交わす。

彼女の名はリリー（浅丘ルリ子）といい、ドサ回りの歌手をしているという。同じ浮き草稼業ではないか。

たちまち、ふたりは意気投合、帰港する漁船を見ながら、互いの身の上を嘆き合う。定職に就くべく牧場での労働を志願したが、3日ともたずにダウンする寅さん。さくらに引き取られて柴又へ。そこへリリーが……。

見どころ　マドンナとしては最多の4回も登場することになる浅丘ルリ子の初回出演作。網走の港で、2人が語り合う場面は情感たっぷり。観客動員数2位。

封切り日	1973（昭和48）年8月4日
上映時間	99分
マドンナ	浅丘ルリ子
ゲスト	織本順吉、毒蝮三太夫
主なロケ地	北海道網走市
鉄分度	★★★★★
備考	さくらが網走に向かう夜行急行がC58形の引く「大雪」。

12

男はつらいよ 私の寅さん

あらすじ　ふらりと柴又に帰ってきた寅さんだが、どうも家族の様子がおかしい。実は一家そろって、九州へ旅行する矢先だったのだ。いったんはムクれた寅さんだが、さくらに諭されて、タコ社長と留守番する破目に。

数日後、寅さんは小学校時代の旧友・柳（前田武彦）に会う。放送作家の柳に連れられて、彼の妹で画家のりつ子（岸惠子）の家に遊びにゆく。彼女のキャンバスにいたずらをしたのが露顕し、りつ子と大ゲンカになる。

翌朝、りつ子が「とらや」にわびを言いに現れる。これをきっかけに、ふたりは急接近、寅さんは貧乏画家のパトロン気取りに。そこへキザな画商（津川雅彦）があらわれて……。

見どころ　気ままな旅で家族に心配をかけ通しの寅さんが、本作では逆の立場に。九州旅行中の家族の安否を気遣い、毎日電話をよこすことを強要。観客動員数最多作品。

封切り日	1973（昭和48）年12月26日
上映時間	107分
マドンナ	岸惠子
ゲスト	前田武彦、津川雅彦
主なロケ地	阿蘇山、大分県別府市
鉄分度	★☆☆☆☆
備考	鉄道は登場しないが、阿蘇ロケでは第一白川橋梁の下の温泉旅館が登場する。

13

男はつらいよ 寅次郎恋やつれ

あらすじ　寅さんが結婚宣言？　意味深な発言に「とらや」一同に緊張が走る。聞けば、相手は温泉津《ゆのつ》温泉で知り合った女性らしい。

絹代（高田敏江）という焼き物をする人妻で、夫が蒸発中だという。寅さんはかいがいしく世話をするが、蒸発していた夫が戻って、話はご破算となる。

傷心の寅さんはトランク片手に旅へ。津和野という町で歌子（吉永小百合）に再会する。陶芸家の青年と結婚したのもつかの間、夫は病死していた。

半月後、再出発すべく「とらや」にあらわれた歌子は、父（宮口精二）と和解、新たな道を求めて伊豆大島へ。寅さんはやさしく励ますのだった。

見どころ　歌子と父親が和解するシーンは涙、涙、涙の名場面。父親役の宮口は、黒澤明監督の作品の常連。凄みのある風貌だが、小説家の役も似合う。

封切り日	1974（昭和49）年8月10日
上映時間	104分
マドンナ	吉永小百合
ゲスト	宮口精二、高田敏江
主なロケ地	島根県温泉津町（現・大田市）、津和野町
鉄分度	★★★★☆
備考	温泉津駅では無煙化間近のD51形とDD51形の重連の姿が見られる。

14

男はつらいよ 寅次郎子守唄

あらすじ　博が工場でケガをした。湿りがちな雰囲気の中、寅さんが帰ってきた。博のけがは軽くすんだが、寅さんの無神経さからけんかになり、早々に柴又を去る。

秋も深まった頃、寅さんは九州に。呼子《よぶこ》港で出会った男（月亭八方）から赤ん坊を預けられる。困った寅さんは柴又へ。帰ったはいいが、赤ん坊が疲れから高熱を発してしまう。病院へ担ぎこんだが、そこの看護婦・京子（十朱幸代）にぞっこんとなる寅さん。京子に誘われてコーラスグループの練習に参加した彼は、リーダーの弥太郎（上條恒彦）を知る。

ふたりは酒を酌み交わして意気投合、弥太郎は京子への思慕を打ち明ける。相愛のふたりの応援に回った寅さんは、また旅の空へ。

見どころ　本作から3代目おいちゃんとして下條正巳が登場。初代の森川信に比べると、はるかに働き者だ。恋の指南役としての寅さんの役回りに注目。

封切り日	1974（昭和49）年12月28日
上映時間	104分
マドンナ	十朱幸代
ゲスト	上條恒彦、春川ますみ
主なロケ地	佐賀県唐津市・呼子町（現・唐津市）
鉄分度	★★☆☆☆
備考	寅さんが弥太郎と出会い、京子が弥太郎のプロポーズを受けたのも京成関屋駅。

15

男はつらいよ 寅次郎相合い傘

あらすじ 第11作ですし屋の女将におさまったリリー（浅丘ルリ子）だが、その後、離婚、再び歌手に戻る。一方の寅さんは、青森で仕事に疲れた中年男・兵頭（船越英二）と知り合い、函館に渡る。3人は函館の屋台でバッタリ、愉快に道内を旅して回る。兵頭が小樽にいる初恋の人に会うのだが、男女のありようを巡って、寅さんとリリーが大ゲンカ、旅は終わる。

職場に復帰した兵頭は、メロンを手土産に「とらや」を訪ねる。兵頭が帰った後、リリーもあらわれる。リリーを囲んで楽しげだった雰囲気は、メロンをめぐって険悪に。さくらは兄とリリーの結婚を望む。リリーにもその気はあるのだが、ふたりの恋の行方は？

見どころ シリーズ中、屈指の傑作と推す人が多い。メロン騒動の寅さんの態度には賛否両論あるが、私にはこの場面は笑えない。寅さんの狭量ぶりが気になる。

封切り日	1975（昭和50）年8月2日
上映時間	90分
マドンナ	浅丘ルリ子
ゲスト	船越英二、岩崎加根子
主なロケ地	青森県青森市、北海道函館市・小樽市
鉄分度	★★★★★
備考	函館～小樽～札幌と列車を乗り継ぐロードムービー。蘭島駅で駅寝のシーンも。

16

男はつらいよ 葛飾立志篇

あらすじ 「とらや」を訪ねた女子高生・順子（桜田淳子）は、寅さんが実父ではと言って、一家をドギマギさせる。そこへ寅さんが帰ってきて、どうにか誤解は解ける。

が、さらなる難題が。大学助手で考古学を専攻する礼子（樫山文枝）が、寅さんの部屋を間借りしていた。寅さんは、瞬間湯沸かし器のような男だ。たちまち礼子に熱を上げ、学問を志す。が、伊達メガネをかけて、またまた町中の物笑いの種に。

猛勉強のさなか、礼子の恩師・田所教授（小林桂樹）が訪ねて来る。寅さんは田所の世間知らずが気に入ったか、話が弾む。

ところが、田所もまた礼子に思いを寄せていた……。

見どころ 寅さんは、順子の母の墓参りをする。人騒がせな男だが、人情には厚い。テキヤ仲間の墓参も欠かさない。葬式を仕切りたがるのが困りものだが。

封切り日	1975（昭和50）年12月27日
上映時間	100分
マドンナ	樫山文枝
ゲスト	小林桂樹、桜田淳子
主なロケ地	山形県寒河江（さがえ）市
鉄分度	★☆☆☆☆
備考	列車は登場しないが寅さんが墓参りに訪れるのが左沢（あてらざわ）線沿線。

17

男はつらいよ 寅次郎夕焼け小焼け

あらすじ　寅さんが酒場で知り合い、家に引っぱりこんだ薄汚い爺さんは、何と日本画壇の大家・青観（宇野重吉）だった。

青観が礼心に描いた絵が高く売れて、寅さんは色めき立つ。後日、寅さんは青観と龍野（現・たつの）市で再会し、市長主催の歓迎パーティーに同席。席上、芸者のぼたん（太地喜和子）といい仲に。

彼女が「とらや」を訪ねてきた。東京の詐欺師（佐野浅夫）にだまし取られた200万円を取り返したいというのだ。タコ社長が乗り出すものの、歯が立たない。

一筋縄ではいかぬ悪党だ。煮えくり返るばかりに怒った寅さんだが、彼にはどうしてやることもできない。

見どころ　佐野演じる詐欺師は、善人ばかりのこのシリーズではただひとりの悪党。太地の切れのいい演技もあって、シリーズでも屈指の出来ばえ。

封切り日	1969（昭和44）年8月27日
上映時間	109分
マドンナ	太地喜和子
ゲスト	宇野重吉、佐野浅夫
主なロケ地	兵庫県龍野市
鉄分度	★★☆☆☆
備考	1959年に初代「赤電」3050形が登場。京成車両の色合いはスクリーンになじむ。

18

男はつらいよ 寅次郎純情詩集

あらすじ　ひいきの旅回り一座・坂東鶴八郎（吉田義夫）一座に別所温泉で出くわした寅さん、旅館に一座を招いて大盤振る舞い。500円札一枚が常態の男だ。無銭飲食のカドでブタ箱入り。さくらの迎えに、シュンとなったのも束の間。

柴又に帰ったとたん、昔なじみの綾（京マチ子）に出会い、反省などどこへやら。名家の令嬢である綾は、不治の病で余命いくばくもない。娘の雅子（檀ふみ）はその宣告を受けているが、当人は知らない。

この事態を放っておける寅さんではない。懸命にふたりを励ます。しかし、人の運命には定まった軌道が……。

見どころ　吉田義夫といえば、かつての東映時代劇きっての悪役だ。シリーズ冒頭の夢のシーンでも、何度となく寅さんに殺されるが、座長役は無類の好人物。

封切り日	1976（昭和51）年12月25日
上映時間	103分
マドンナ	京マチ子
ゲスト	檀ふみ、吉田義夫
主なロケ地	長野県別所温泉
鉄分度	★★★★★
備考	上田交通の丸窓電車が豊富に登場。さくらが丸窓の前にたたずむシーンが印象深い。

19

男はつらいよ 寅次郎と殿様

あらすじ 寅さんが伊予（愛媛県）の大洲で出会った爺様は、世が世であれば殿様と仰がれる藤堂久宗だった。世間に疎い殿様は寅さんを歓待するが、はしっこい執事（三木のり平）は邪魔者扱いする。その態度に堪忍袋の緒を切った殿様は、あわや執事を無礼討ちに……。「刃傷松の廊下」を思わせるシーンだ。

殿様は、今は亡き息子の嫁・鞠子（真野響子）に会いたいので、寅さんに探してと頼む。安請け合いした寅さんだが、さて困った。名前だけを手掛かりに、広い東京でどう探したものか。

あれこれあって、上京してきた殿様は鞠子と再会を果たす。殿様はすこぶるご満悦だが、寅さんは恋の病にとりつかれて……。

見どころ 冒頭の夢のシーンは、寅さんによる鞍馬天狗が主役。鞍馬天狗といえば、嵐寛寿郎の十八番。彼を殿様、のり平を執事に配した時点で、本作は半ば成功だった。

封切り日	1977（昭和52）年8月6日
上映時間	99分
マドンナ	真野響子
ゲスト	嵐寛寿郎、三木のり平
主なロケ地	愛媛県大洲市
鉄分度	★★★★☆
備考	海辺の小さな駅で目覚める寅さん。以来「下灘駅」は広く知られるところとなる。

20

男はつらいよ 寅次郎頑張れ！

あらすじ 「とらや」に帰ってきた寅さんは、見知らぬ青年・良介（中村雅俊）に押し売りに間違えられる。しかも、彼が自分の部屋に下宿していると知ってカンカン。

だが、良介は純朴な青年だった。近くにある食堂の娘・幸子（大竹しのぶ）に恋しているのだが、プロポーズに失敗したと思いこみ、自殺未遂を起こす。あげく、平戸に帰った。心配した寅さんは平戸にやって来るが、土産物屋を切り盛りしている姉の藤子（藤村志保）にのぼせあがり、店に居ついてしまう。

一方、故郷から戻った幸子は、良介が好きだった、とさくらに打ち明ける。良介は喜び勇んで、姉とともに柴又へ。だが、それが寅さんには不幸の端緒だった……。

見どころ 良介が試みたガス自殺は、大爆発を誘発。「とらや」の2階が吹き飛んでしまったのだ。店始まって以来の大事件である。

封切り日	1977（昭和52）年12月24日
上映時間	95分
マドンナ	藤村志保
ゲスト	中村雅俊、大竹しのぶ
主なロケ地	長崎県平戸市
鉄分度	★★☆☆☆
備考	撮影当時は国鉄松浦線。寅さんは「日本最西端の駅」平戸口から平戸島へ渡った。

21

男はつらいよ 寅次郎わが道をゆく

あらすじ　熊本県の田の原温泉を訪れていた寅さんは、失恋男の留吉（武田鉄矢）から先生と敬われ、いい気になって旅館に長逗留。手元不如意はいつものことで、財布が底をつき、さくらが迎えに来る。

柴又に帰った寅さんは、殊勝にも店を手伝うのだが、それもほんの一時のことで浅草国際劇場に通いつめる。さくらの同級生で、今はSKDのスター、紅奈々子（木の実ナナ）がお目当てなのだ。上京してきた留吉は、SKDの踊り子に夢中になり、とんかつ屋に就職。

奈々子は、照明係の隆（竜雷太）と結婚するか、踊り一筋に生きるべきか悩んでいたが、愛を取ることを決断、最後の舞台に。客席には、奈々子を見守る寅さんの姿が。

見どころ　「とらや」の面々の、幼い頃の夢が明かされる。おいちゃんは馬賊、おばちゃんは呉服店のおかみさん、寅さんは中学生時分にテキ屋に憧れた。大願を成就したのは寅だけ。

封切り日	1978（昭和53）年8月5日
上映時間	107分
マドンナ	木の実ナナ
ゲスト	武田鉄矢、竜雷太
主なロケ地	熊本県田の原温泉
鉄分度	★★☆☆☆
備考	ピンク・レディーの「UFO」で目が覚めるのは宮原線麻生釣駅。

22

男はつらいよ 噂の寅次郎

あらすじ　大井川で雲水（大滝秀治）に「女難の相あり」と告げられる寅さん。

早速、失恋女（泉ピン子）を慰める破目に。さらに、木曽で博の父（志村喬）と再会、人生のはかなさを説かれ、柴又へ。「とらや」では、腰痛のおいちゃんを助けるために早苗（大原麗子）を雇った矢先だった。

さあ、女難の本番だ。早苗のそばに居たい寅さんは、仮病を使ったばかりに救急車を呼ぶ騒ぎに発展してしまう。相も変わらぬドタバタだ。早苗が離婚間近と知った寅さんは、前後の見境もつかぬほどのぼせる。

そこへ早苗の従兄弟の添田（室田日出男）があらわれる。実直な彼が恋のライバルとは思わぬ寅さんだったが……。

見どころ　旅暮らしの寅さんは、おびただしい数の橋を渡るが、本作では静岡県島田市の大井川に架かる蓬莱（ほうらい）橋を渡る。世界最長の木造橋で、流れ橋型だ。

封切り日	1978（昭和53）年12月27日
上映時間	104分
マドンナ	大原麗子
ゲスト	志村喬、室田日出男、泉ピン子
主なロケ地	長野県木曽、静岡県大井川
鉄分度	★★★★★
備考	大井川鉄道の「かわね路」号車内、千頭駅前、塩郷駅などで撮影された。

23

男はつらいよ 翔んでる寅次郎

あらすじ　寅さんは北海道の旅の途次、ひとり旅の娘・ひとみ（桃井かおり）が旅館のドラ息子（湯原昌幸）の毒牙にかかろうとしているところを救う。ひとみは、ぼんぼん育ちの邦夫（布施明）と婚約しているのだが、今ひとつ気が進まない。

彼女は、結婚式当日、式場から花嫁姿のまま脱走、「とらや」に駆けこんだから、町内は上を下への大騒動。母親（木暮実千代）が迎えに来るが応じない。

邦夫は、自動車修理工場で働き始める。家を出、会社も辞め、ひとみの住む町で暮らそうと決断したのだ。

邦夫の決断に心動かされたひとみは、寅さんに仲人を頼むのだった。

見どころ　伊達の薄着の寅さんは寒さが苦手。で、冬は南国、夏は北国のパターンで旅する。旅先で多いのは九州だが、北海道も印象的なシーンに事欠かない。

封切り日	1979（昭和54）年8月4日
上映時間	107分
マドンナ	桃井かおり
ゲスト	布施明、木暮実千代
主なロケ地	北海道支笏湖
鉄分度	★☆☆☆☆
備考	鉄道は出てこないが、室蘭本線の虎杖浜（こじょうはま）駅付近と、支笏湖で撮影。

24

男はつらいよ 寅次郎春の夢

あらすじ　帝釈天境内で見慣れぬ外国人に話しかけられた御前様、英語はからきしとあって、「とらや」に駆け込む。たまたま満男の英語塾の先生（林寛子）とその母親・圭子（香川京子）が居合わせた。そして、外国人は米国から薬のセールスにやってきたマイケル（ハーブ・エデルマン）と判明。同情した一家は、彼を下宿させる。

彼と一家の気心が知れた頃、寅さんが帰ってきた。大のアメリカ嫌いの寅さんは大むくれ。親切に感激したマイケルがさくらにキスしたことから、ふたりは大立ち回りの末、和解する。

またぞろ未亡人の圭子に熱をあげる寅さんだが、彼女にはすでに意中の男性がいた。

見どころ　主役級としては珍しい外国人の登場で、日米の比較文化論が展開される。愛しているなら、はっきりと意思表示する米国流。寅さんとは正反対だ。

封切り日	1979（昭和54）年12月28日
上映時間	104分
マドンナ	香川京子
ゲスト	ハーブ・エデルマン、林寛子
主なロケ地	和歌山県、京都市、米国アリゾナ州
鉄分度	★★☆☆☆
備考	アメリカ版寅さんとの別れは上野駅不忍口の高架下。

25

男はつらいよ 寅次郎ハイビスカスの花

あらすじ　柴又に帰ってきた寅さんに、リリーから速達が届く。沖縄で歌っていて急病で入院、「死ぬ前にひと目、逢いたい」とつづってあった。「とらや」一同は、飛行機嫌いの寅さんを総がかりで説き伏せ、沖縄へ送り出した。取るものも取りあえず駆けつけた寅さんに、リリーの大きな瞳に涙があふれた。献身的な看護で、病状は好転、退院の運びに。

ふたりは療養のため、漁師町に部屋を借りた。寅さんは、その家の息子・高志（江藤潤）の部屋で寝起きする。リリーが元気になるにつれ、無邪気に遊び回る寅さん。夫婦に似た感情を抱き始めたリリーには、女心を解さぬ寅さんがもどかしくてならない……。

見どころ　リリー登場の3作目。病床のリリーのために嫌いな飛行機に乗って沖縄へ駆けつける。本作のラストは1、2を争う名場面。いやあ、生きてて良かった。

封切り日	1980（昭和55）年8月2日
上映時間	104分
マドンナ	浅丘ルリ子
ゲスト	江藤潤
主なロケ地	沖縄県内、長野県軽井沢町
鉄分度	★☆☆☆☆
備考	沖縄県民の足だった「銀バス」が寅さんを乗せてリリーのもとへ急ぐ。

26

男はつらいよ 寅次郎かもめ歌

あらすじ　北海道江差町でバイしていた寅さんは、仲間から同業の常が病死したと聞かされる。墓参りを思い立った彼は、奥尻島へ渡り、イカ工場で働く常の娘・すみれ（伊藤蘭）と出会った。彼女の案内で墓に詣でた寅さんは、稼業の頼りなさを痛感する。

別れ際、すみれは東京で働きながら勉強したいと言う。困っている者を放っておけない寅さんは、誘拐犯に間違えられながらも、すみれを柴又に連れてゆく。

タコ社長の口利きで仕事を見つけ、夜間高校の入試もクリアしたすみれ。尻馬に乗って、寅さんも授業にまぎれこむ。そんなある日、すみれの恋人・貞夫（村田雄浩）が上京してくる。寅さんに引き際が来ていたのだった。

見どころ　夜間高校教師として松村達雄が出演、存在感ある演技。後年の山田作品「学校」を連想させる。さくら夫婦が2階建ての家（築3年）を購入。

封切り日	1980（昭和55）年12月27日
上映時間	98分
マドンナ	伊藤蘭
ゲスト	村田雄浩、松村達雄
主なロケ地	北海道江差町・奥尻島
鉄分度	★★☆☆☆
備考	江差線に揺られて江差港から東日本フェリーで奥尻島に向かう。

27

男はつらいよ 浪花の恋の寅次郎

あらすじ　瀬戸内のとある島の墓地で、ふみ（松坂慶子）と出会う寅さん。その場はそれきりだったが、ある神社でバイしている寅さんの前を、3人の芸者が通りかかった。なかのひとりが、ふみだった。草津の湯でも治らない病気が再発する寅さんである。お寺参りなど、心浮き立つ日々が過ぎる。

ある日、生き別れの弟がいるとふみから聞かされる。寅さんの勧めで、弟の行方を探し当てたが、当人はすでに他界。その晩、寅さんの宿に酔ったふみがあらわれ、寅さんのひざにすがって泣きながら寝入ってしまう。

柴又に戻った寅さんのもとに、ふみがやってくる。結婚して対馬で暮らすと知らせに来たのだった。

見どころ　この時期の松坂は輝くばかりの美貌だ。寅さんならずともクラクラとくるのは必定。酔った彼女に身体をあずけられて逃げる寅さん、もったいないねえ。

封切り日	1981（昭和56）年8月8日
上映時間	104分
マドンナ	松坂慶子
ゲスト	芦屋雁之助、大村崑
主なロケ地	大阪府、奈良県生駒山、長崎県対馬
鉄分度	★★☆☆☆
備考	本編に登場する生駒ケーブルカーは1918（大正7）年開業で日本最古。

28

男はつらいよ 寅次郎紙風船

あらすじ　柴又小の同窓会でやりたい放題をしてのけた寅さん、柴又に居づらくなって九州へ。筑後川のほとりで、家出娘の愛子（岸本加世子）と知り合う。ケタはずれのはねっかえり娘だ。寅さんがフーテンと知って、どこへ行くにもまつわりついて離れない。

ある縁日で、寅さんの向かいでタコ焼きを売っている女が。テキ屋仲間のカラスの常（小沢昭一）の女房だった。名は光枝（音無美紀子）。聞けば、常は重い病に伏しているという。

翌日、見舞いに行った寅さん、常から「俺が死んだら、あいつを女房に」と頼まれ、思わずうなずく。その後、光枝は上京して本郷の旅館で働く。訪ねると、亭主は死んだという。常との約束はどうする？

見どころ　本作のような、はねっかえり娘を演じさせたら岸本はピカー。寅さんと同宿してのやりとりのおかしさは無類。気がふさいだ時は、この場面をどうぞ。

封切り日	1981（昭和56）年12月29日
上映時間	101分
マドンナ	音無美紀子
ゲスト	小沢昭一、岸本加世子、地井武男
主なロケ地	大分県夜明温泉、福岡県甘木市（現・朝倉市）
鉄分度	★★☆☆☆
備考	久大本線の夜明駅が登場する。本編では国鉄当時の駅名を表示。

29

男はつらいよ 寅次郎あじさいの恋

あらすじ　京都は鴨川べりで、寅さんは下駄の鼻緒が切れた老人を見付け、すげかえてやる。喜んだ老人は、先斗町《ぽんとちょう》の茶屋に寅さんを誘った。泥酔した寅さんが目覚めると、たいそうな豪邸。寅さんは、老人が人間国宝の陶芸家・加納作次郎（13代目片岡仁左衛門）と初めて気付く。そこで寅さんは、お手伝いのかがり（いしだあゆみ）を知る。彼女は未亡人で、娘を故郷に残して働いていた。

しかし、居づらいことが起こって故郷の丹後半島に帰る。旅に出た寅さんは丹後へ行き、かがりを訪ねる。その夜、寅さんの寝室にかがりが忍んでくるが、彼は寝たふりを通す。柴又に戻った寅さんに会いに、かがりが上京、鎌倉でデートするのだが……。

見どころ　シリーズも中盤にさしかかって、寅さんの恋愛は受け身が目立ってくる。そろそろ伴侶をと願うファンは、絶好の機会を逃す寅さんが歯がゆいだろう。

封切り日	1982（昭和57）年8月7日
上映時間	110分
マドンナ	いしだあゆみ
ゲスト	片岡仁左衛門、柄本明
主なロケ地	京都府京都市・伊根町、神奈川県鎌倉市
鉄分度	★★☆☆☆
備考	マドンナのかがりが故郷の伊根に帰る列車の車窓には宮津湾が広がる。

30

男はつらいよ 花も嵐も寅次郎

あらすじ　大分県の湯平温泉の宿で、寅さんはチンパンジー飼育係の三郎（沢田研二）と出会う。三郎は、昔この宿で仲居をしていた母の供養をしようと遺骨を持ち込んでいた。ここは寅さんの出番だ。たまたま同宿していたデパートガールの螢子（田中裕子）らも焼香し、翌日はみんなでドライブ旅行としゃれ込む。

螢子にひと目惚れの三郎だが、内気で言い出せない。三郎の車で「とらや」に帰り着いた寅さんは、恋の指南役を買って出る。

親切にも、螢子にも三郎の気持ちを代弁してやる。その甲斐あって、ふたりはめでたく結ばれる。寅さんはさくらに「二枚目はいいよな」と言い残して去る。

見どころ　寅さんが三郎に口説きのテクニックを伝授する場面は絶品。沢田と田中が、共演後に結婚したのは周知の通り。シリーズ中、観客動員数3位の作品。

封切り日	1982（昭和57）年12月28日
上映時間	106分
マドンナ	田中裕子
ゲスト	沢田研二、内田朝雄、児島美ゆき
主なロケ地	大分県湯平温泉、千葉県谷津遊園など
鉄分度	★★☆☆☆
備考	久大本線湯平駅で寅さんとマドンナ螢子とのシーンが撮影された。現在は無人駅。

31

男はつらいよ 旅と女と寅次郎

あらすじ　柴又に帰った寅さん、満男の運動会に参加すると張り切って、パン食い競争の練習までする。皆が渋るのでまたまた大ゲンカ、トランク片手に旅へ。佐渡島へ漁船で渡ろうとしていた寅さんに、同乗させてという女が。大物歌手の京はるみ（都はるみ）だった。仕事に追いまくられて嫌気がさし、逃避行中なのだ。

金づるに姿をくらまされた所属事務所の社長（藤岡琢也）が躍起になって行方を探すが、はるみは寅さんと気まま旅。が、至福のひとときは長くは続かなかった。

柴又に戻った寅さんのもとへ、はるみが訪ねてきたから町中が大騒ぎ。ミニリサイタルの大サービスだ。復帰したはるみを祝福しつつ、寅さんはあてどない旅へ。

見どころ　股旅《またたび》ものから童謡までなんでもござれの寅さん、本作では大物歌手とデュエットする。細川たかしが出演、「矢切の渡し」を歌うのもご愛敬。

封切り日	1983（昭和58）年8月6日
上映時間	101分
マドンナ	都はるみ
ゲスト	藤岡琢也、細川たかし、北林谷栄
主なロケ地	新潟県佐渡島
鉄分度	★★★☆☆
備考	新潟市内で大衆食堂と新潟交通電車線の電車がワンカット登場。

32

男はつらいよ 口笛を吹く寅次郎

あらすじ　「煩悩が背広着て歩いているような男」が仏門に帰依《きえ》しようと志す。きっかけは、岡山県高梁市での博の父の3回忌法要。博、さくら、満男が法要に参列すると、読経しているのが寅さんなので仰天。

今度は何をやらかすのかと、さくらは蒼白になる。住職（松村達雄）に気に入られて居ついたのだが、お目当ては住職のバツイチ娘・朋子（竹下景子）。寺の跡取り・一道（中井貴一）と酒屋の娘・ひろみ（杉田かおる）の恋もからんで物語は進む。

一道はカメラマン志望で、寺を継ぐ気はない。寅さんの修行次第によっては、養子に入って朋子と夫婦の道も。朋子もまんざらではないのだったが……。

見どころ　高梁が舞台となるのは、「寅次郎恋歌」以来12年ぶり。飛行機とは無縁の「とらや」一同とあって移動は鉄道。登場する鉄道の変遷も楽しい。

封切り日	1983（昭和58）年12月28日
上映時間	105分
マドンナ	竹下景子
ゲスト	中井貴一、杉田かおる、松村達雄
主なロケ地	岡山県高梁市
鉄分度	★★★☆☆
備考	第8作で登場した伯備線D51形の場面を本作では381系特急電車が快走する。

33

男はつらいよ 夜霧にむせぶ寅次郎

あらすじ 釧路で理容師・風子（中原理恵）と知り合った寅さん。根無し草の彼女にかつての自分を見た寅さんは、風子、冴えない中年男（佐藤B作）の3人で旅を重ねる。

中年男の女房探しに付き合ったあと、寅さんと風子は根室へ。ここで、サーカスのオートバイ乗りのトニー（渡瀬恒彦）から声をかけられた風子。寅さんは地道な暮らしを説くが、風子は耳をかさない。

柴又に帰った寅さんに、トニーが連絡してきた。風子とトニーは同棲しているのだが、病床の風子が寅さんに会いたがっていると、伝える。寅さんは風子を「とらや」に連れ帰る。が、風子は飛び出してしまう。のち、風子の結婚式に寅さんの姿が。

見どころ タコ社長の娘・あけみ（美保純）が、花嫁姿で初登場。輿入れ（結婚）する彼女を冷やかす野次馬にあかんべえをするなど、以降のじゃじゃ馬ぶりを発揮。

封切り日	1984（昭和59）年8月4日
上映時間	102分
マドンナ	中原理恵
ゲスト	渡瀬恒彦、佐藤B作、美保純
主なロケ地	北海道釧路市・根室市・中標津町など
鉄分度	★★★★☆
備考	女房に逃げられた男と旅する途中キハ40形も登場する、根室本線の茶内駅。

34

男はつらいよ 寅次郎真実一路

あらすじ 無銭飲食覚悟の寅さんが上野の焼き鳥屋で隣り合わせたのは、鹿児島出身の証券マン・富永(米倉斉加年)。お礼にと今度は寅さんが誘ったまではよかったが、酩酊した彼は翌朝、富永の妻・ふじ子（大原麗子）に「ここはどこでしょう？」とやる。美貌にドギマギした寅さんは、あわてて辞去した。

ある日、富永が失踪。悲嘆にくれるふじ子を励まし､彼女と捜索の旅に出る寅さんだ｡富永の姿を求めて、鹿児島県内を歩き回る。日を重ねるにしたがって、ふじ子への思慕を募らせる寅さん。人妻に懸想することだけは自らに禁じてきた寅さんは、苦しむ。

やがて、富永は妻子のもとへ戻って、寅さんは苦悩から解放されるのだった。

見どころ 画面は、幼い富永がなじんだ薩摩路の美しい風景を映し出す。失われた日本の原風景を楽しみにしていたファンは多いはずだ。ラストシーンの駅は鹿児島交通伊作駅。

封切り日	1984（昭和59）年12月28日
上映時間	107分
マドンナ	大原麗子
ゲスト	米倉斉加年、辰巳柳太郎、津島恵子
主なロケ地	茨城県牛久沼、鹿児島県
鉄分度	★★★★★
備考	ラストシーンの鹿児島交通伊作駅の廃線跡のシーンは衝撃的だった。

35

男はつらいよ 寅次郎恋愛塾

あらすじ　寅さんは、テキ屋仲間のポンシュウ（関敬六）と長崎・上五島《かみごとう》にやって来た。2人は、道でころんだ老婆を助けたことから、孫娘の若菜（樋口可南子）を知る。数日後、柴又の寅さんに若菜から礼状が届く。気もそぞろの寅さん、宛名を頼りに若菜のアパートを訪れる。失業中の彼女のために、寅さんは奮闘努力。司法試験めざして猛勉強中の民夫（平田満）をも知る。だが、彼は勉強が手につかない。若菜に夢中なのだ。それと察した寅さんは、恋愛指南。だが、寝不足と緊張がたたってデートは不出来。民夫は、郷里の秋田へ帰ってしまう。不安にかられた寅さん、若菜、民夫の恩師（松村達雄）が秋田へ急行、めでたしとなる。

見どころ　シリーズに女たらしの青年は出てこない。そろって純情だ。民夫も同様である。ぶざまな彼らの恋愛模様を見つめる山田洋次監督の視線は温かい。

封切り日	1985（昭和60）年8月3日
上映時間	108分
マドンナ	樋口可南子
ゲスト	平田満、松村達雄
主なロケ地	長崎県上五島、秋田県鹿角市
鉄分度	★☆☆☆☆
備考	寅さんが花輪線へのアクセスに東北新幹線を利用している。乗車シーンはない。

36

男はつらいよ 柴又より愛をこめて

あらすじ　夫婦仲がしっくりいかないあけみ（美保純）が家出。タコ社長はワイドショーに出演して、涙ながらに帰宅を呼びかける。ここで寅さんの人脈が役立って、あけみは下田にいることが判明、寅さんが迎えに行く。

　が、帰宅どころか、ふたりは海を渡って式根島へ。船中で島の小学校の卒業生たちと知り合う。島で彼らを出迎えた真知子先生（栗原小巻）にひと目ぼれの寅さん。あけみを放ったらかして同窓会に参加する。

　島から帰った寅さんは、ふぬけ同様のありさま。

東京で真知子に再会するも、彼女は亡くなった親友の夫・文人（川谷拓三）の求婚を受け入れ、寅さんの恋は空振り。

見どころ　木下恵介監督「二十四の瞳」へのオマージュ作品。「釣りバカ日誌」の八郎でおなじみの、アパッチけん（現・中本賢）も教え子として登場している。

封切り日	1985（昭和60）年12月28日
上映時間	105分
マドンナ	栗原小巻
ゲスト	川谷拓三、田中隆三、アパッチけん
主なロケ地	静岡県下田市、東京都式根島
鉄分度	★☆☆☆☆
備考	タイトルバックにキハ58系の走行シーンが。夢から覚めるのが会津高田駅。

37

男はつらいよ 幸福の青い鳥

あらすじ かつて筑豊炭鉱の拠点としてにぎわった飯塚は閑散としていた。ここには、寅さんがひいきにしていた旅役者・坂東鶴八郎が住んでいるはず。ところが、彼はすでに死に、娘・美保（志穂美悦子）と再会。

やがて美保は、寅さんを頼って上京するが、あいにく旅稼ぎで留守。ひょんなことから看板職人の健吾（長渕剛）と知り合う。画家になる夢を捨てきれない健吾は、展覧会に応募するも落選。一方、美保は柴又の中華料理店で働きながら、健吾を励ますが、ヤケになった健吾は美保を抱こうとする。拒否した美保だが、健吾のことは憎からず思っている。

やがて婚約が整うと、寅さんは柴又をあとにするのだった。

見どころ 芝居小屋の清掃員で出演するすまけいは、シリーズ後半でいぶし銀の演技を披露。笹野高史、イッセー尾形らとともに貴重なバイプレーヤー。

封切り日	1986（昭和61）年12月20日
上映時間	102分
マドンナ	志穂美悦子
ゲスト	長渕剛、すまけい
主なロケ地	山口県萩市、福岡県飯塚市
鉄分度	★★☆☆☆
備考	冒頭に山陰本線を走る50系客車のシーン。

38

男はつらいよ 知床慕情

あらすじ 寅さんが帰ってきたというのに、おいちゃんの入院で店は休業中。寅さんが手伝おうとするが、ケンカの末に店を飛び出した。知床にやってきた寅さんは、獣医の順吉（三船敏郎）の車に同乗したことから、彼の家に厄介に。偏屈で頑固な独り者だが、寅さんとは馬が合う。スナックのママ・悦子（淡路恵子）が順吉の面倒を見ている。そこへ順吉の娘・りん子（竹下景子）が離婚して戻る。

スナックの常連客が、りん子を囲んでのバーベキューパーテイを開く。席上、悦子が店をたたんで故郷へ帰ると宣言。この時、順吉は勇を鼓して悦子への愛を、どなるように告白。感動した一同、「知床旅情」を合唱。りん子への寅さんの恋は？

見どころ テキヤの世界では、口上付きで売ることをタンカバイという。本作では、札幌でゴッホの贋作「ひまわり」をバイ。流れるような名調子をどうぞ。

封切り日	1987（昭和62）年8月15日
上映時間	107分
マドンナ	竹下景子
ゲスト	三船敏郎、淡路恵子
主なロケ地	北海道札幌市・知床半島
鉄分度	★★☆☆☆
備考	斜里（現・知床斜里）駅から故郷に戻るマドンナが利用する列車と駅舎が登場。

39

男はつらいよ 寅次郎物語

あらすじ　「とらや」に秀吉という少年（伊藤祐一郎）がやってきた。寅さんの商売仲間の“般若の政”とふで（五月みどり）との子だ。しかし、政はとんでもない極道。愛想をつかしたふでは、秀吉を置いて家出した。政が死を前に、寅さんを頼れと言い残したので秀吉が尋ねて来たのだった。

事情を聞いた寅さんは義侠心を発揮、秀吉を連れてふでを探す旅に。大阪、和歌山……と旅がつづく。奈良県吉野にたどり着いた晩、秀吉は旅疲れから高熱を発し、隣室の隆子（秋吉久美子）と寅さんが看病する。夫婦と勘違いされるが、ともに意に介さない。回復した秀吉を見届け、隆子は去る。秀吉はふでと再会。役目は終えたと、寅さんは秀吉と別れる。

見どころ　ラスト近く、寅さんと秀吉の別離シーンは「シェーン」に似ている。離れたくないと泣く秀吉をこんこんと諭す寅さん。落ちこぼれの悲哀が胸に迫る。

封切り日	1987（昭和62）年12月26日
上映時間	101分
マドンナ	秋吉久美子
ゲスト	五月みどり、松村達雄
主なロケ地	和歌山県和歌山市、奈良県吉野町、三重県伊勢・志摩
鉄分度	★★★☆☆
備考	寅さんと少年のロードムービー。

40

男はつらいよ 寅次郎サラダ記念日

あらすじ　信州・小諸駅前で、寅さんはひとり暮らしの老婆と知り合い、家に泊まった。翌朝、老婆を入院させるため女医・真知子（三田佳子）が迎えに来た。渋っていた老婆も、寅さんの説得で入院する。

これが縁で、寅さんは真知子の家に招かれた。家には、彼女の姪で早大に通う由紀（三田寛子）も。真知子は未亡人、由紀は文学専攻で短歌が趣味。寅さんは真知子に恋する。

柴又に戻った寅さんは、由紀を訪ねて早大生の茂（尾美としのり）を知る。数日後、真知子から電話がきて寅さんは有頂天。「くるまや」の面々は、真知子を温かく迎える。が、小諸の老婆が死去。落胆した真知子は病院を辞めると言い出すが、院長の説得で思いとどまる。

見どころ　「とらや」は本作から「くるまや」に屋号変更。社会問題になっていた独居老人を描くが、問題提示の仕方がさりげない。

封切り日	1988（昭和63）年12月24日
上映時間	100分
マドンナ	三田佳子
ゲスト	三田寛子、尾美としのり、鈴木光枝
主なロケ地	長野県小諸市・松本市、長崎県島原市
鉄分度	★★★☆☆
備考	冒頭は小海線を旅するキハ58系の2両編成。国鉄時代の小諸駅。

41

男はつらいよ 寅次郎心の旅路

あらすじ　寅さんは宮城県のローカル列車に乗っていたが急停車。心身症のサラリーマン・兵馬（柄本明）が飛び込み、間一髪助かる。風のように自由な寅さんに接した兵馬は、ウィーンへ行こうと言い出す。飛行機が苦手な寅さんだが、兵馬に根負けしてウィーンへ。「音楽の都」も寅さんには猫に小判。てんで興味がわかず、兵馬と別行動していて迷子になったが、現地の観光ガイド・久美子（竹下景子）、彼女の恩人のマダム（淡路恵子）に助けられる。

寅は久美子とドナウ川のほとりを散策、望郷の念にかられて「大利根月夜」を歌う。久美子も日本に帰る決心をするが、恋人が空港で強く引き止め、彼女は帰国を断念。寅さんは、失意のどん底に。

見どころ　竹下はマドンナとして3度目の出演。久美子、マダムの前で稼業はスパイみたいなものと自己紹介する寅さん。腹巻に雪駄履きとは「変な、スパイ」。

封切り日	1989（平成元）年8月5日
上映時間	109分
マドンナ	竹下景子
ゲスト	柄本明、淡路恵子
主なロケ地	オーストリア・ウィーン
鉄分度	★★★★☆
備考	冒頭のシーンに栗原電鉄での自殺未遂のシーンが登場する。

42

男はつらいよ ぼくの伯父さん

あらすじ　諏訪家のひとり息子・満男は、高校は卒業したが、代々木の予備校に通う浪人生。高校時代の後輩・泉（後藤久美子）に夢中で、勉強がはかどらない。相談に乗った寅さんは、酒を飲ませてヒンシュクを買い、柴又を出る。

一方、泉は水商売をしている母親の礼子（夏木マリ）に反発、叔母・寿子（檀ふみ）を頼って佐賀の高校に通う。

恋心を募らせた満男は、思いつめてバイクで佐賀に向かう。訪ねた佐賀で偶然、寅さんと同宿。寿子の家でもてなされた寅さんは、鼻の下を伸ばしかけるが、夫（尾藤イサオ）ある身ではどうしようもない。泉との再会をセッティングした寅さんは、佐賀を去る。

見どころ　本作以降、満男の出番が多くなる。1年2作から1作の公開となる。風来坊の寅さんに付き合っていると、方言を楽しめる。本作では佐賀弁を堪能できる。

封切り日	1989（平成元）年12月27日
上映時間	108分
マドンナ	後藤久美子
ゲスト	檀ふみ、尾藤イサオ
主なロケ地	茨城県袋田駅、佐賀県
鉄分度	★★★★☆
備考	冒頭、水郡線車内でトラブルが発生。袋田駅の駅長室で和解する。

43

男はつらいよ　寅次郎の休日

あらすじ　大学に合格した満男のもとに、泉（後藤久美子）が上京してきた。別居中の父・一男（寺尾聰）に、もう一度やり直してと頼みに来たのだ。しかし、会社を訪ねると、大分県日田市に転居したあとだった。

あきらめきれない泉は日田へ。見送るつもりの満男は、新幹線に飛び乗ってしまう。一方、泉を連れ戻しに来た母親の礼子（夏木マリ）は、行き違いとなり、寅さんとともに寝台特急で九州へ向かう。

さて、舞台は日田。父を探し当てた泉だが、幸福そうな様子に、帰ってほしいとは言えない。そして、あとを追って来た寅さんと礼子と再会。4人は家族のような一夜を過ごす。だが、翌朝、礼子と泉は名古屋へ帰ってしまう。

見どころ　夏木は、歴代マドンナのなかでも、とびっきり色っぽい。その彼女とふたり、一夜を寝台特急で過ごす寅さん。おあとは見てのお楽しみ。

封切り日	1990（平成2）年12月22日
上映時間	105分
マドンナ	後藤久美子
ゲスト	夏木マリ、寺尾聰、宮崎美子
主なロケ地	大分県日田市、愛知県名古屋市
鉄分度	★★★★☆
備考	寅さんがマドンナと「はやぶさ」B寝台で九州に向かう。

44

男はつらいよ　寅次郎の告白

あらすじ　満男が思いを寄せる泉（後藤久美子）が、就職のため上京して来た。同じ頃、寅さんも帰って来た。ひさかたぶりの再会だ。翌日、満男は、大手楽器店の就職試験に行く泉に付き添う。が、家庭の事情が災いして不首尾。気落ちした泉は名古屋に帰る。さらに、母・礼子の再婚問題に悩んだ泉は、家出してしまう。

一方、寅さんは鳥取県倉吉にいたが泉とバッタリ。泉からのハガキで所在を知った満男も鳥取砂丘へ。3人は無事に合流する。

寅は昔なじみの聖子（吉田日出子）が営む料理屋へふたりを案内する。寅さんを振って結婚した聖子だが、今は未亡人。皆が寝静まった深夜、ふたりは酒を酌み交わし、いいムードになったのだが……。

見どころ　恋の道の後輩である満男が、寅さんの恋愛観を分析。男には、きれいな花はそっとしておきたい派、奪ってしまう派の2通りあり、寅さんは前者だと。

封切り日	1991（平成3）年12月21日
上映時間	104分
マドンナ	後藤久美子
ゲスト	吉田日出子、夏木マリ
主なロケ地	岐阜県恵那峡、鳥取県
鉄分度	★★★★★
備考	冒頭で中央本線落合川駅に到着する寅さん。ラストシーンは若桜鉄道安部駅。

45

男はつらいよ 寅次郎の青春

あらすじ　寅さんは、宮崎県の港町・油津で理容店の店主・蝶子（風吹ジュン）と知り合い、居候を決め込む。さながら髪結いの亭主だ。一方、東京のレコード店に就職した泉は、ひんぱんに諏訪家と往来。泉は友人の結婚式出席のため宮崎に行き、寅さんとバッタリ。そこへ蝶子がやって来て、あわてた寅さんは足をくじく。寅さんの怪我を口実に満男も宮崎へ行く。

蝶子には竜介（永瀬正敏）という弟がいた。満男は、泉と竜介が親密そうなので心中穏やかでない。が、彼には婚約者がいると知って、とたんに機嫌を直す。満男と泉が帰る日、寅さんも一緒にと言い出して、蝶子は不機嫌に。寅さんを憎からず思っていたのだ。なのに、気付かない寅さん。

見どころ　寅さんと蝶子が出会うのが、堀川運河に架かる石橋のたもと。寅さんは旅先に九州を選ぶ傾向が強く、たくさんの石橋を渡る。九州は石橋の宝庫だ。

封切り日	1992（平成4）年12月26日
上映時間	101分
マドンナ	後藤久美子
ゲスト	風吹ジュン、永瀬正敏、夏木マリ
主なロケ地	宮崎県日南市油津
鉄分度	★☆☆☆☆
備考	ラストシーンは下呂温泉を行く特急「（ワイドビュー）ひだ」が締めくくる。

46

男はつらいよ 寅次郎の縁談

あらすじ　大学4年の満男、就活に励むが、はかばかしくない。彼はいら立ち、両親の干渉から逃げるように、高松行きのブルートレインに乗ってしまう。

数日後、寅さんが帰って来た。満男の家出を聞き、探すことを安請け合い。寅さんは、満男からの小包を手掛かりに瀬戸内海の琴島へ。しかし、満男は帰ることを拒んだ。島での暮らしに満ち足りた思いだし、看護婦の亜矢（城山美佳子）に恋心を抱いているからだ。

その晩、満男が世話になっている家に厄介に。そこで当主の善右衛門（島田正吾）と娘・葉子（松坂慶子）を知る。

葉子は神戸で料理屋を経営していたが、病を得て島で療養中だ。舞い上がる寅さん……。

見どころ　寅さんの自戒の言葉。「満男、おじさんの顔をよーく見るんだぞ。分かるな。これが一生就職しなかった男のなれの果てだ。お前もこうなりたいか」

封切り日	1993（平成5）年12月25日
上映時間	104分
マドンナ	松坂慶子
ゲスト	島田正吾、城山美佳子、光本幸子
主なロケ地	香川県志々島・高見島・琴平など
鉄分度	★★★★☆
備考	マドンナと金刀比羅宮参りの帰りに乗るのが琴平電鉄琴平線。

48

男はつらいよ 寅次郎紅の花

あらすじ　音沙汰のない寅さんが心配な「くるまや」一同、見ていたテレビに寅さんが映ってびっくり。大震災後の神戸で、ボランティアをしていたのだ。一方、泉（後藤久美子）から結婚の知らせを受けた満男はヤケに。結婚式をぶち壊す。その足で奄美大島まで旅した満男は、親切な女性と出会う。

それは、何とリリー（浅丘ルリ子）ではないか。奇遇を喜んだのもつかの間、リリーは加計呂麻島で寅さんと同棲中で仰天。寅さんとリリーは柴又におそろいで顔を出し、さくらを喜ばせるが、またもや大ゲンカ。リリーは帰ると言い出すが、寅さんは俺が送る、と一緒に出て行く。果たして、ふたりは添い遂げられるのか。

見どころ　シリーズ最終作。リリーは第25作以来となる4度目の登場となる。寅さんとリリー、満男と泉、二つの恋の行方は……？

封切り日	1995（平成7）年12月23日
上映時間	107分
マドンナ	浅丘ルリ子
ゲスト	後藤久美子、夏木マリ
主なロケ地	鹿児島県奄美大島・加計呂麻島など
鉄分度	★★★★★
備考	寅さんの最後の汽車旅は美作滝尾〜中国勝山間。

47

男はつらいよ 拝啓車寅次郎様

あらすじ　浅草の靴メーカーに就職した満男に、長浜市の先輩・川井（山田雅人）から「祭りに来い」との手紙が来る。出向いた満男は、川井の妹で男まさりの菜穂（牧瀬里穂）ともめるが、町を案内してもらう。

片や寅さんは、琵琶湖で撮影旅行中の人妻・典子（かたせ梨乃）と出会うが、ケガを負った彼女を骨接ぎに担ぎ込み、同宿する。そこで、冷たい夫婦関係を聞かされ同情するが、結局は夫が迎えに来て、寅さんの恋ははかなく終わる。満男の菜穂への思いも同じだった。

柴又に帰った寅さんと満男は互いの恋を語り合う。そして、満男は江ノ電の鎌倉高校前駅で寅さんを見送るのだった。

見どころ　祭礼や縁日が稼ぎ場の寅さんと旅していれば、おのずと祭りの通に。本作では、日本三大山車（だし）祭りの一つ、長浜曳山まつりを存分に楽しめる。

封切り日	1994（平成6）年12月23日
上映時間	101分
マドンナ	かたせ梨乃
ゲスト	牧瀬里穂、小林幸子
主なロケ地	滋賀県長浜市、神奈川県鎌倉市など
鉄分度	★☆☆☆☆
備考	江ノ電300形と東海道新幹線300系が登場

第6章

寅さんデータファイル

『男はつらいよ』シリーズ中で、寅さんが乗った路線や列車で訪れた地域を一覧地図で見ると、いかに寅さんが全国満遍なく旅をしていたかが見えてくるだろう。また、作中に登場する寺社仏閣や港町など、印象的な場所も紹介していく。

文・写真/南 正時

寅さんの鉄道旅の足跡

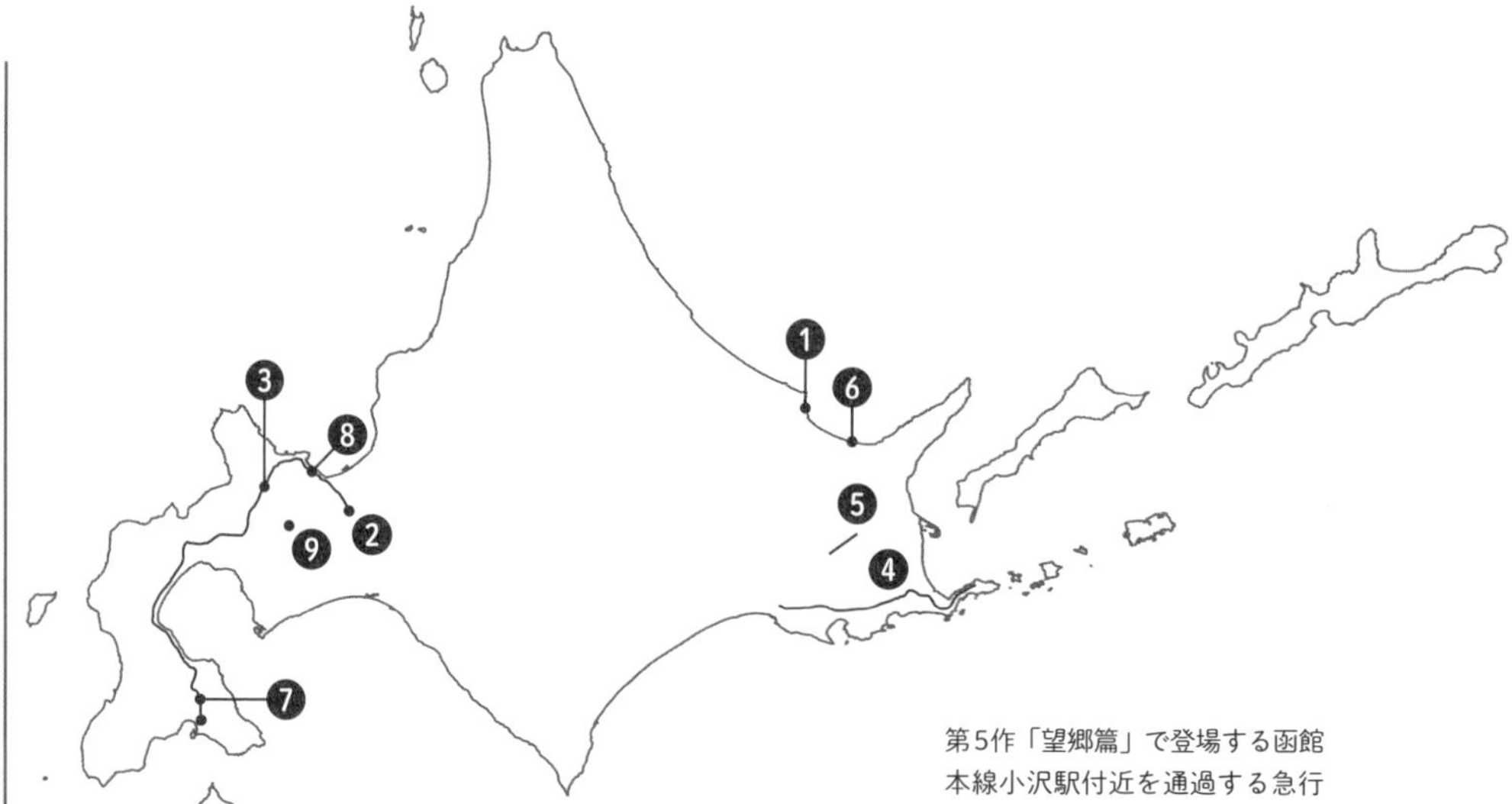

第5作「望郷篇」で登場する函館本線小沢駅付近を通過する急行「ニセコ」

❶網走駅　第11作「男はつらいよ　寅次郎忘れな草」
❷札幌
第5作「男はつらいよ　望郷篇」
第15作「男はつらいよ　寅次郎相合い傘」
❸函館本線（小樽〜小沢）
第5作「男はつらいよ　望郷篇」
❹根室本線（根室〜茶内〜釧路）
第33作「男はつらいよ　夜霧にむせぶ寅次郎」
❺標津線（標茶〜計根別）
第33作「男はつらいよ　夜霧にむせぶ寅次郎」
❻斜里駅　第38作「男はつらいよ　知床慕情」
❼函館本線（函館〜長万部〜蘭島〜札幌）
第15作「男はつらいよ　寅次郎相合い傘」
❽小樽　第15作「男はつらいよ　寅次郎相合い傘」
❾京極駅　第31作「男はつらいよ　旅と女と寅次郎」
❿驫木駅　第7作「男はつらいよ　奮闘篇」
⓫栗原電鉄（石越〜細倉）
第41作「男はつらいよ　寅次郎心の旅路」

東日本編

⑫陸中花輪駅　第35作「男はつらいよ　寅次郎恋愛塾」
⑬越後広瀬駅　第7作「男はつらいよ　奮闘篇」
⑭会津高田駅
第36作「男はつらいよ　柴又より愛を込めて」
⑮新潟　第31作「男はつらいよ　旅と女と寅次郎」
⑯上田交通別所線（上田～別所温泉）
第18作「男はつらいよ　寅次郎純情詩集」
⑰関東鉄道常総線中妻駅
第39作「男はつらいよ　寅次郎物語」
⑱水郡線（水戸～袋田）・袋田駅
第42作「男はつらいよ　ぼくの伯父さん」
⑲沼津駅　第7作「男はつらいよ　奮闘篇」
⑳柴又駅　第1作「男はつらいよ」ほか
㉑京成関屋駅　第14作「男はつらいよ　寅次郎子守歌」
㉒上野駅　第1作「男はつらいよ」ほか
㉓東京駅　第45作「男はつらいよ　寅次郎の青春」
㉔江ノ島電鉄鎌倉高校前駅
第47作「男はつらいよ　拝啓車寅次郎様」
㉕小海線（小淵沢～小諸）
第40作「男はつらいよ　寅次郎サラダ記念日」

第31作「旅と女と寅次郎」では
新潟交通電車線の車両も見られる

廃止された国鉄胆振線の京極駅や栗原電鉄など、今では見られない路線や駅が登場している。また、基本的に各駅停車で旅する寅さんだが、第35作「男はつらいよ　寅次郎恋愛塾」では、陸中花輪（現・鹿角花輪《かづの》）へ向かう際に盛岡まで東北新幹線に乗車しているものと思われる。

第9作「柴又慕情」ではナローゲージの尾小屋鉄道が登場し、寅さんが乗り込むシーンが見られる

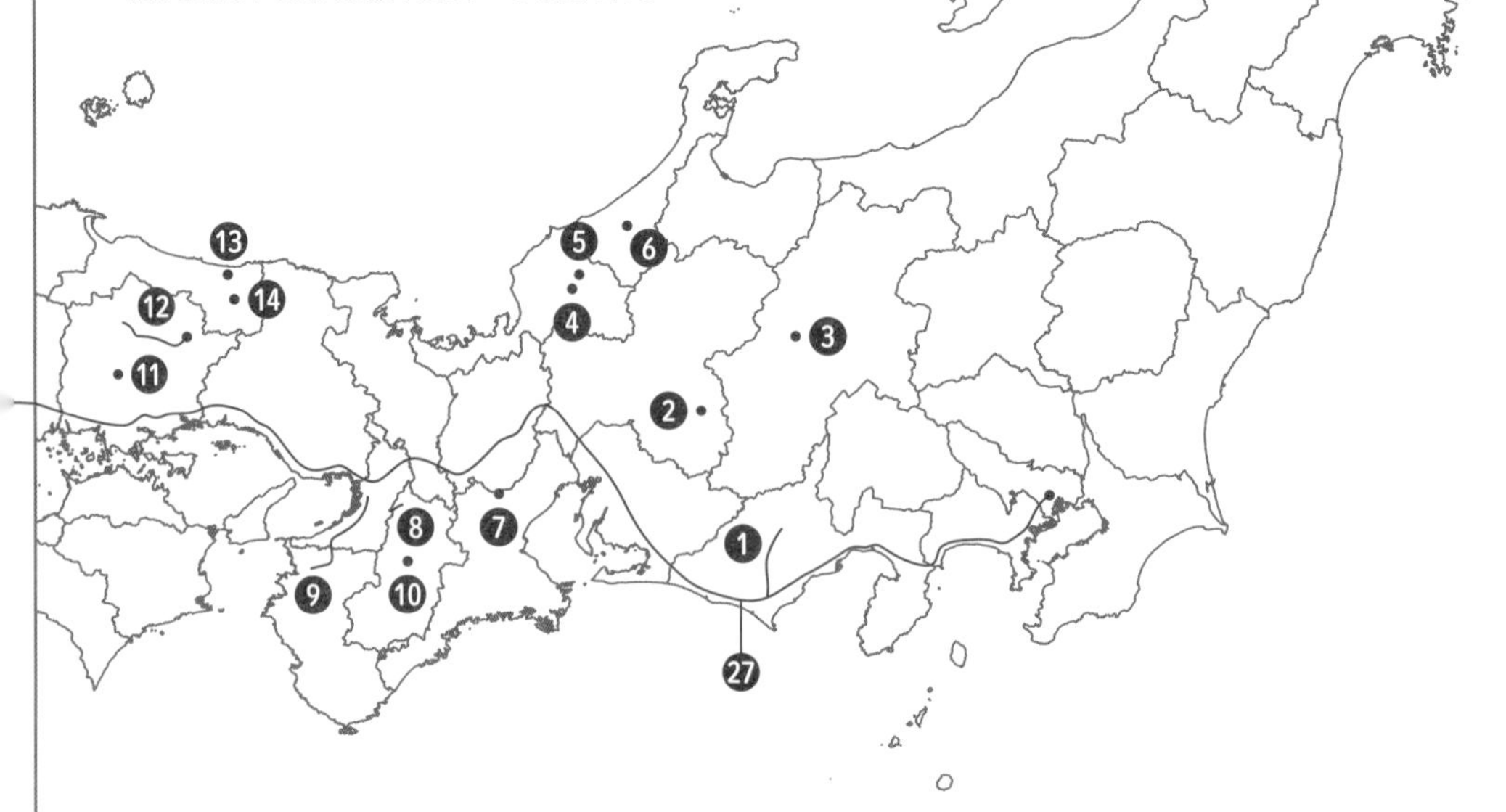

❶大井川鉄道（金谷〜千頭）
第22作「男はつらいよ　噂の寅次郎」
❷落合川駅　第44作「男はつらいよ　寅次郎の告白」
❸日出塩駅　第10作「男はつらいよ　寅次郎夢枕」
❹京福電気鉄道京善駅
第9作「男はつらいよ　柴又慕情」
❺京福電気鉄道東古市駅
第9作「男はつらいよ　柴又慕情」
❻尾小屋鉄道金平駅　第9作「男はつらいよ　柴又慕情」
❼柘植　第2作「続・男はつらいよ」
❽生駒ケーブル宝山線（鳥居前〜宝山寺）
第27作「男はつらいよ　浪花の恋の寅次郎」
❾阪和線（天王寺〜和歌山）
第39作「男はつらいよ　寅次郎物語」
❿大和上市駅　第39作「男はつらいよ　寅次郎物語」
⓫備中高梁
第8作「男はつらいよ　寅次郎恋歌」
第32作「男はつらいよ　口笛を吹く寅次郎」

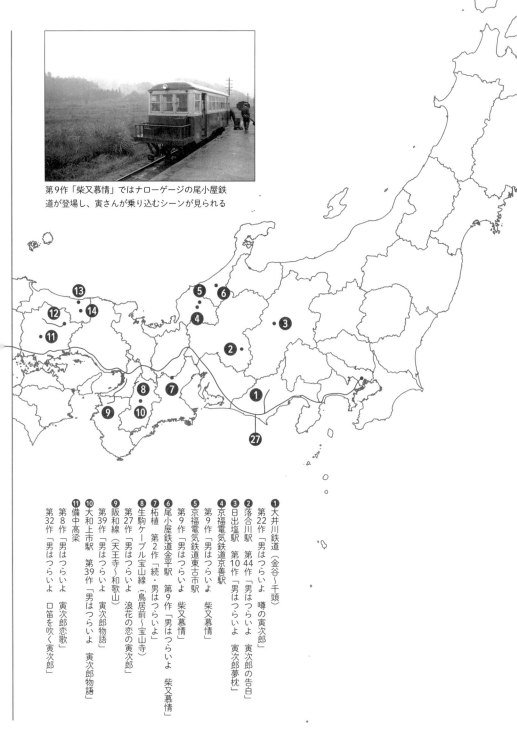

西日本編

⑫因美線・姫新線（美作滝尾〜中国勝山）
第48作「男はつらいよ　寅次郎紅の花」
⑬鳥取駅　第44作「男はつらいよ　寅次郎の告白」
⑭若桜鉄道安部駅　第44作「男はつらいよ　寅次郎の告白」
⑮温泉津駅　第13作「男はつらいよ　寅次郎恋やつれ」
⑯津和野　第13作「男はつらいよ　寅次郎恋やつれ」
⑰下灘駅　第19作「男はつらいよ　寅次郎と殿様」
⑱伊予大洲駅　第19作「男はつらいよ　寅次郎と殿様」
⑲小城駅　第42作「男はつらいよ　ぼくの伯父さん」
⑳田川伊田駅　第37作「男はつらいよ　幸福の青い鳥」
㉑鳥栖駅　第28作「男はつらいよ　寅次郎紙風船」
㉒夜明駅　第28作「男はつらいよ　寅次郎紙風船」
㉓由布院　第4作「新・男はつらいよ」
㉔湯平駅　第30作「男はつらいよ　花も嵐も寅次郎」
㉕麻生釣駅　第21作「男はつらいよ　寅次郎わが道をゆく」
㉖伊作駅跡　第34作「男はつらいよ　寅次郎真実一路」
㉗寝台特急「はやぶさ」（東京〜久留米）
第43作「男はつらいよ　寅次郎の休日」

第43作「男はつらいよ　寅次郎の休日」で乗車した寝台特急「はやぶさ」は、作中で唯一、寅さんが乗車したブルートレインだ。なお、第46作「男はつらいよ　寅次郎の縁談」では、満男が寝台特急「瀬戸」に乗車し、高松へ向かうシーンが見られる。

第37作「幸福の青い鳥」で登場する田川伊田駅。JR九州の日田彦山線と平成筑豊鉄道の伊田線、田川線が乗り入れる

寅さんと寺社仏閣

寅さんの旅には「寺社仏閣」は欠かせない。なぜならば寅さんの商売するのは寺の境内であったり正月の神社の鳥居のあたりでの啖呵売が絶対不可欠の仕事なのだから、寅さんの旅から神社を取ってしまえばそれこそ「おまんまの食い上げ」となってしまう。さらに寺は寅さんにとって思い出の人を訪ねる煩悩隠しの場でもあり、癒しの場でもあるのだ。

かって寅さんが寒河江駅前で行き倒れ寸前、腹を空かせている時、駅前食堂のお雪さんからとん汁と丼飯の施しを受けた恩は、お雪さん亡き後も恩を忘れず墓参りをするのである（第16作　葛飾立志篇）。また、恋の願掛けに行くのも寺であり、寺に居候を決め込み坊さんにまでなってしまうのである。寅さんの煩悩はついに最後までとどまることはなかった。

寅さんが訪れた主な寺社仏閣

名称	作数	備考
虎杖浜神社	第23作「翔んでる寅次郎」	太平洋を見下ろす虎杖浜の丘にある小さな神社、寅さんはここの祭礼でネクタイを売ってい た。北海道白老町
板橋不動尊	第39作「寅次郎物語」	タイトルバックで山門で啖呵売をしていた。1200年の歴史ある古刹で「板橋のお不動さん」として知られる。茨城県常総市
成就院	第29作「寅次郎あじさいの恋」	鎌倉のあじさい寺として知られる。寅さんとかがり（いしだあゆみ）のデートに満男が付いてきた。神奈川県鎌倉市
大本山永平寺	第9作「柴又慕情」	曹洞宗の大本山で巨刹の威厳を誇る。寅さんと娘3人（吉永小百合たち）は京福電車でやって来た。福井県永平寺町
寶山寺	第27作「浪花の恋の寅次郎」	生駒山に中腹に位置する通称「聖天さん」寅さんとふみ（松坂慶子）がお参りする。生駒ケーブルカーがアクセス。奈良市生駒
金刀比羅宮	第46作「寅次郎の縁談」	「讃岐のこんぴらさん」で有名。葉子（松坂慶子）と寅さんは琴電に乗って参拝。帰りは駕籠で石段を下りる。香川県琴平町
玉之浦教会	第6作「純情篇」	福江島の教会、井持浦教会の分室。渥美清がここでのロケを提案したという。長崎県五島市
平戸ザビエル記念教会	第20作「寅次郎頑張れ！」	寅さんとひとめぼれした藤子（藤村志保）が礼拝を終えて「御部屋の坂」を仲良く歩くシーンが撮影された。長崎県平戸市

柴又帝釈天

正式には「経栄山題経寺」。帝釈天で産湯を使い……の寅さんの産湯に用いたご神水は今も境内から湧き続けている。京成電鉄柴又駅から徒歩5分

本山慈恩寺

第16作で寅さんが語る大恩人「寒河江のお雪」さんが眠る寺、住職（大滝秀治）に案内され墓参りをする。JR左沢線羽前高松駅から徒歩20分。

薬師院

第32作「口笛を吹く寅次郎」で寺の娘（竹下景子）と恋に落ち、寺の納所さんに居ついてしまう。納経所ではロケ当時の写真も見られる。備中高梁駅から徒歩15分。

寅さんと城下町

わび・さびの世界に長けている（?）寅さんの旅は城下町への旅も多い。城下町にはしっとりとした日本美人が多いのかも知れない。幸い、日本には城下町が各地方に点在している。城下町ではお殿様とのユーモラスなシーンが印象的だった第19作「寅次郎と殿様」。往年の時代劇スター嵐寛寿郎が貫禄十分で大洲の城下町を闊歩《かっぽ》していた。

山城で知られる備中高梁の城下町は第8作と第32作に登場している。また、第12作で阿蘇旅行する、おいちゃん、おばちゃんと諏訪一家が熊本城下を旅するのも今となっては貴重な映像である。九州の秋月、飫肥《おび》の静かなたたずまいの城下町も忘れることができない。寅さんと城下町。さてどんなエピソードが待っていることでしょう。

寅さんが訪れた主な城下町

名称	作数	備考
盛岡市	第33作「夜霧にむせぶ寅次郎」	家族を持った舎弟登が住む町を訪ねるシーンが撮影された。盛岡城跡公園は市民の憩いの場となっている。岩手県盛岡市
上田市	第18作「寅次郎純情詩集」	冒頭のシーンが上田市でロケされた。ドラマ「真田丸」で有名な真田幸村も活躍した上田城が知られている。長野県上田市
長浜市	第47作「拝啓車寅次郎様」	長浜は羽柴秀吉（豊臣秀吉）が築城して発展してきた町。現在の天守は1983年に模擬復元されたもので、市立長浜城歴史博物館となっている。滋賀県長浜市
萩市	第37作「幸福の青い鳥」	幕末に多くの逸材を輩出した城下町。毛利輝元が築いた萩城跡には壕と石垣が現存している。山口県萩市
秋月	第28作「寅次郎紙風船」	福岡県中部の静かな城下町で「杉の馬場」は桜の名所、風情ある石橋や「寅さん小路」が残っている。福岡県朝倉市
唐津市	第14作「寅次郎子守唄」	豊臣秀吉の家臣が建てた唐津城は1966年に天守を復元。別名を「舞鶴城」とも言われている。本部でも登場した唐津くんちが有名。佐賀県唐津市
飫肥	第45作「寅次郎の青春」	九州の小京都と呼ばれ、復元された大手門のほか武家屋敷や石垣が現存している。JR飫肥駅徒歩15分。宮崎県日南市
首里城	第25作「寅次郎ハイビスカスの花」	首里城は琉球王朝の王城、グスク（御城）の跡で1992年に復元された。ロケは城下の那覇市内や北部「やんばる」地区でも撮影された。沖縄県那覇市

小諸市

第40作「サラダ記念日」「小諸なる古城のほとり」藤村の詩で知られる小諸では、城跡の懐古園を中心にロケが行われた。タイトルバックで健速神社の祇園祭が見られるほか、こもろ市民まつりで寅さんが商売をする姿や、小諸駅前のバス停、小諸病院などが見られる。長野県小諸市

金沢市

第9作「柴又慕情」加賀百万石の城下町で武家屋敷、商家、名園兼六園などの観光地が知られている。映画では吉永小百合たち3人娘の金沢観光のシーンが取り入れられている。北陸新幹線延伸により東京からますます便利になった。石川県金沢市

大洲市

第19作「寅次郎と殿様」「伊予の小京都」と呼ばれ、肱川の河港と大洲城を中心に発展した城下町。かつてはNHK朝の連続ドラマ「おはなはん」で知られるところとなった。大洲城天守は「寅次郎と殿様」ロケ以後の2002（平成14）年に再建された「平成の城」。愛媛県大洲市

寅さんと温泉

寅さんの旅には温泉は欠かせない。北海道の秘湯から南国の蒸気が噴出する指宿まで、数え上げたらきりがない。だが、これほど多くの温泉が登場しながら、寅さんの入浴シーンは見たことがない。第7作「奮闘篇」のラストでは津軽の温泉で、地元のオバちゃんたちと背中の流しっこをした、と言っていたのだが。第33作「夜霧にむせぶ寅次郎」では秘湯・養老牛温泉で熊に襲われる寅さんだったが、あれは実話に近い。同温泉の奥には川原の露天風呂がある。そこには「熊に注意」の立て看板があったから、あながちコメディではないのだ。九州のロケでも、なかなか良い温泉をめぐっている。鉄輪温泉、鰻温泉とマニアックな温泉が多く、温泉好きには、ほっこりと至福の場面である。

寅さんが訪れた主な温泉

名称	作数	備考
養老牛温泉	第33作「夜霧にむせぶ寅次郎」	風子（中原理恵）が婚礼をあげる宿。熊に襲われるエピソードもある。奥には混浴露天風呂「からまつの湯」があり、ここは熊に注意。北海道中標津町
上山温泉郷	第16作「葛飾立志篇」	温泉街で啖呵売をする撮影が行われた。室町時代に開湯の古湯で、共同浴場から大温泉ホテルまで建ち並んでいる。山形県上山市
地鉈温泉	第36作「柴又より愛をこめて」	式根島ロケで、あけみ（美保純）が入浴する海岸の露天風呂。野趣あふれた露天風呂で満潮時には入れない。東京都新島村
下呂温泉	第45作「寅次郎の青春」	ラストシーン、正月の啖呵売をするのが下呂温泉。日本の三大名泉のひとつで、河原には混浴の大露天風呂など共同浴場も完備。岐阜県下呂市
湯の山温泉	第3作「フーテンの寅」	宿の女将（新珠三千代）に恋して番頭で居ついてしまう。東海・関西の奥座敷といわれる鈴鹿山脈のふもとの温泉街である。三重県菰野町
温泉津温泉	第13作「寅次郎恋やつれ」	登場する温泉津温泉は1300年前から伝わる古湯。レトロな浴場が温泉街に趣を添えている。近くの石見銀山は世界遺産で温泉津港も関連遺産。島根県大田市
湯平温泉	第30作「花も嵐も寅次郎」	冒頭のシーンに登場する。湯治場温泉の風情を残す石畳の坂道が懐かしい。共同温泉で湯治をするがこの温泉の定番。大分県由布市
田の原温泉	第21作「寅次郎わが道をゆく」	宿賃がなくなりさくらに迎えにきてもらう温泉。湯治を中心とした素朴な温泉で、寅さんが滞在した宿にはゆかりの資料がある。熊本県南小国町

支笏湖温泉

第23作「翔んでる寅次郎」のロケ地で、支笏湖畔に湧く温泉で、休暇村「支笏湖」などで日帰り温泉も楽しめる。また、本編にも登場する登別温泉は多彩な泉質を誇り、別府とならぶ有名な温泉だ。北海道千歳市

別所温泉

第18作「寅次郎純情詩集」のロケ地で、信州の鎌倉といわれる寺社仏閣の点在する名湯、真田幸村の隠し湯「石湯」などの共同浴場もあり、温泉地は素朴な雰囲気が漂っている。上田から上田電鉄の電車がアクセスしている。長野県上田市

鰻温泉

第34作「寅次郎真実一路」の鹿児島ロケに出てくる温泉で、西郷隆盛が逗留した温泉としても知られる。温泉街には噴気が見られ、西郷どんゆかりの共同浴場「鰻温泉」は熱い湯で知られている。鹿児島県指宿市

寅さんと港町

私の港町のイメージは演歌の世界。波止場、マドロスといわれた昭和の世界である。寅さんもまた波止場が似合う旅人である。

寅さんは港々にマドンナがいるようで、それを訪ね歩く旅も楽しいが、波止場にはつらい別れも待っている。

寅さんと波止場で、忘れられないのが第15作「寅次郎相合い傘」でリリーと再会した函館港である。波止場のほとりのラーメンの屋台。寅さんとリリーは第48作で、その当時のことを回顧して感慨にふける。函館港からは青函連絡船が寅さんたちを北の大地に誘う。

津軽海峡には寅さんにとっては無粋な海底トンネルができた。そして、新幹線が通るようになり、港町のかつてのにぎわいは薄れてしまった。寅さんにとって港町、波止場の風景はどのようなものだったのであろうか。

寅さんが訪れた主な港町

名称	作数	備考
網走港	第11作「寅次郎忘れな草」	寅さんとリリー（浅丘ルリ子）が初めて言葉を交わす網走港湾の川のほとり。二人の運命的なつながりがシリーズ全編にわたり続く、記念碑的な港である。北海道網走市
江差港	第26作「寅次郎かもめ歌」	奥尻航路のフェリーが発着する港。江差追分がどこからともなく聞こえる旅情あふれる港町だ。かつてはニシン漁、北前船でにぎわった。北海道江差町
青森港	第15作「寅次郎相合い傘」	冒頭で啖呵売を終えた夕暮れの寅さんの背後に青函連絡船「摩周丸」が入港してくる。そして翌日「十和田丸」で北海道へ渡る。今青森港は大きく変わってしまった。青森県青森市
三崎港	第8作「寅次郎恋歌」	冒頭の旅役者大空小百合（岡本茉利）との雨の道行きシーンは、高知県のある港を想定して三崎港で撮影された。大空小百合の笑顔が忘れられない港の名シーン。神奈川県三浦市
下田港	第36作「柴又より愛をこめて」	家出したあけみ（美保純）を捜しに下田港にやってくる。下田港はペリー艦隊来航の地、川端康成の「伊豆の踊子」の舞台としても知られる。静岡県下田市
高松築港	第46作「寅次郎の縁談」	ラストシーンは小豆島ロケ。高松築港からはフェリーが発着している。第46作では高松築港駅から葉子（松坂慶子）と琴電に乗り、こんぴら詣でに行く。高松築港はかって四国の玄関港だった。香川県高松市
福江港	第6作「純情篇」	長崎港から絹代（宮本信子）と寅さんは福江港に到着する。絹代の実家は玉之浦港の前で父（森繁久彌）が旅館を営んでいた。長崎県五島市
古仁屋港	第48作「寅次郎紅の花」	リリーが暮らす加計呂麻島へ渡る港。定期船フェリーのほかにリリーと満男が乗った「でいご丸」の海上タクシーも出港している。鹿児島県瀬戸内町

函館港

第15作「寅次郎相合い傘」
北海道の玄関口として栄えた港町。その歴史は青函連絡船と共にあったと言っていい。「寅次郎相合い傘」で、リリーと出くわすのは東浜桟橋付近、同じ境遇の風来坊同士のふれあいは、波止場の風景によく似合っていた。北海道函館市

小木港

第31作「旅と女と寅次郎」
佐渡の南の玄関口、寅さんと京はるみ（都はるみ）の佐渡への逃避行が始まる。直江津からフエリーが発着するが、寅さんたちは無謀にも漁船でやってくる。港にはたらい舟も浮かぶ。新潟県佐渡市

長崎港

第6作「純情篇」
夢破れて赤ん坊と福江島に帰ろうとする絹代（宮本信子）と、安宿で一夜を共にする寅さんの心情がせつなく伝わる港町。長崎港はかつて上海航路でにぎわい、現在も客船が停泊する観光港である。長崎県長崎市

寅さんと絶景

寅さんの旅は、いわゆる有名観光地には行っていない。その旅先は素朴な田園風景、忘れ去られているローカル線などで、特に初期の作品にはその傾向が強くみられる。それは「テキヤ」という商売からのものであろう。ところが、寅さんがいったん恋をすると、たとえ地の果て外国までも、交通費を度外視し、さくらに借金をしてまでも出かけてしまう。マドンナの住む町にこそ、寅さんの理想としている「絶景」があるかも知れない。

ここで取り上げる絶景とは、映画の中では大きな役割を果たしていないが、私の写真家として見た目で選んでいる。しかし、本編には必ず登場する風景ばかりだ。どうぞ、お見落としなきように。

寅さんが訪れた主な絶景

名称	作数	備考
カムイワッカの滝	第38作「知床慕情」	アイヌ語で「神の水」という知床の山々から湧き出した水が、温泉とまじり海中に落下する。全容は海上の遊覧船からしか見えない。北海道斜里町
小樽運河	第15作「寅次郎相合い傘」	港町小樽の象徴的絶景は小樽運河。運河にそって石蔵や、古い倉庫が現存する。一時は都市計画で運河を埋める予定もあったという。北海道小樽市
南部富士初冠雪	第33作「夜霧にむせぶ寅次郎」	冒頭のたったワンシーンだが、寅さんがローカル線の無人踏切で列車を待つロングショット。彼方には新雪の岩手山がそびえ、通過する列車はキハ52形。撮り鉄垂涎の絶景だ。岩手県
五能線車窓から見る日本海	第7作「奮闘篇」	本編では暗い日本海の情景だったが、現在では観光列車も運転されて、豪華な車内から日本海の落日を見ることもできる。千畳敷も駅のすぐ前に広がる。青森県深浦町ほか
奈良井宿	第3作「フーテンの寅」第10作「寅次郎夢枕」	中山道木曽の宿場町で、昔の旅籠が現存する国の伝統的建造物群保存地区。2作ともここにD51形が走っているのだからたまらない。長野県塩尻市
伊根の舟屋	第29作「寅次郎あじさいの恋」	丹後半島の伊根湾沿いに立ち並ぶ舟屋は、かがり（いしだあゆみ）のふるさと。一階が舟のガレージで二階が住居と言う独特の家並みは良き漁村の風景を残している。京都府伊根町
通潤橋	第21作「寅次郎わが道をゆく」	寅さんが歩いた石橋は1854（寛永7）年に完成した石造りアーチの水道橋。石橋の中に通水管があり、一斉に放水されるさまはまさに絶景。熊本県山都町

筑後川の沈み橋

第28作「寅次郎紙風船」

久大本線夜明駅近くの筑後川にあまり知られていない「沈み橋」がある。ここは私が鉄道撮影で偶然見つけた場所だが、さすが山田監督、本編で沈み橋を寅さんが渡るシーンを撮っていた。監督お気に入りの「絶景」といったところである。福岡県朝倉市

東尋坊

第9作「柴又慕情」

永平寺近郊で出会った3人娘（吉永小百合ら）と東尋坊、越前松島観光を楽しむ。東尋坊は奇岩怪石が1㎞続く景勝地。「輝石安山岩の柱状節理」は世界で3カ所のみという。福井県坂井市

南アルプス・八ヶ岳の景観

第10作「寅次郎夢枕」

冒頭のシーンで、農家のお年寄り（田中絹代）にお茶の接待を受ける。遠く甲斐駒ヶ岳を望み、八ヶ岳を背にした農家で縁側からは富士山まで望む。第8作のラストの旅劇団との出会いのシーンでも、ほぼ同じ場所から初冬の甲斐駒ヶ岳が望まれた。山梨県北杜市

寅さんと渡し船

寅さんの旅には船旅もよく登場する、大きな船では青函連絡船や、離島航路のフェリーなどであるが、ローカルカラー満点のいわゆる「渡し舟」に揺られる寅さんの表情はどこか子ども時代にもどったようになる。それは幼いころから身近にあった「矢切の渡し」の乗船体験のたまものであろう。第6作「純情篇」で、長崎港から福江港に渡る子連れの母親（宮本信子）との連絡船が印象深い。たどり着いた玉之浦漁港での旅館を営む父親（森繁久彌）との再会の背後に、最終船の汽笛が響く。シリーズ後半になると寅さんは離島によく出かけた。船の旅は出会いと別れをドラマチックに演出してくれる。

本欄では「渡し舟」を取り上げる一方で、離島航路の船も合わせて紹介して寅さんの船旅に思いを馳せてみたいとおもう。

寅さんが訪れた主な渡し船

名称	作数	備考
奥尻航路	第26作「寅次郎かもめ歌」	寅さんが江差港から奥尻島に渡ったフェリー、当時は東日本フェリーだったが、現在は江差とせたな町からハートランドフェリーが就航している。北海道江差町
青函連絡船跡	第15作「寅次郎相合い傘」	本州から北海道への旅は青函連絡船の旅が欠かせなかった。青函トンネル開業により１９８８（昭和63）年に廃止、函館港に「摩周丸」、青森港に「八甲田丸」が記念館として保存されている。北海道函館市・青森県青森市
佐渡汽船新潟航路	第31作「旅と女と寅次郎」	映画では出雲崎漁港から佐渡の小木港へ漁船で渡ったが、帰りに利用したのが新潟と両津港を結ぶフェリー、高速ジェット船も運航している。小木港からは直江津へのフェリーも就航中。新潟県佐渡市
式根島航路	第36作「柴又より愛をこめて」	東海汽船の高速船が東京竹芝桟橋から式根島神伏港との間を運航、映画では下田港から渡ったという設定で下田～式根島間には神新汽船が２時間40分で結んでいる。東京都新島村
旧奥恵那峡下り乗船場	第44作「寅次郎の告白」	中津川市の木曽川に架かる玉蔵橋のたもとにかつて船着き場があり、本編の中で寅さんとポンシュウが乗り込む場面があった。現在は廃止されてしまった。岐阜県中津川市
粟島汽船（志々島航路）	第46作「寅次郎の縁談」	詫間町宮ノ下港から志々島の本村港間には海上バスが１日３往復就航している。20分３４０円。本村港の亜矢と満男の別れは「伊豆の踊子」を思わせるシーンだった。香川県三豊市
加計呂麻島の海上タクシー	第48作「寅次郎紅の花」	奄美大島本島と加計呂麻島間を結ぶ渡し舟が映画でも登場する海上タクシー。船長（田中邦衛）の「でいご丸」は実在の船で筆者が取材時も乗船した。鹿児島県瀬戸内町

矢切の渡し

柴又から江戸川を渡り対岸の松戸と結ぶのが、今も現役で営業中の「矢切の渡し」。演歌でもおなじみの風情ある渡し舟だ。近年は観光客が多いせいか櫓《ろ》をこぐよりもモーターで運航することが多い。第1作で寅さんは千葉県側から柴又に凱旋帰郷している。東京都葛飾区

最上川渡し跡

第16作「葛飾立志篇」
松尾芭蕉の句で知られる最上川は舟運が盛んで、寅さんが乗ったのは大江町の「渡し舟」。対岸の舟にベルを押して知らせるものだった。近くには「最上川舟唄」発祥の地の記念碑が建立されている。

呼子港の渡し舟跡

第14作「寅次郎子守唄」

深い入江の呼子港は港と対岸の殿ノ浦を結ぶ「渡し舟」があった。料金は映画ロケ当時は大人50円、子ども25円。踊り子役の春川ますみと舟着き場であんパンを食べるシーンが印象に残る。

佐賀県唐津市

寅さんと路線バス・路面電車

寅さんって意外にもタクシーをよく使う。タクシー代はどうしているんだろうと心配になるのだが、バス、鉄道など公共交通がやはり寅さんには似合っている。特に地方に行くと土地の路線バスを利用している光景に出会う。それもワンマンではなく、女性の車掌さんがいればゴキゲンである。面白かったのは第7作「奮闘篇」の五能線沿線でのバスの出来事である。寅さんからの自殺をほのめかす手紙を持って、さくらはバスで千畳敷など海岸をめぐる。やがて温泉前バス停からは笑いながら地元のオバさんたちと乗り込んでくる。女性車掌の名前を確認するや「はーい、斎藤みつ子さん発車オーライ」とやる。あきれ顔のさくらを乗せたバスは岩木山のふもとを遠ざかり「終」の文字が現れる。鮮やかでハッピーなバスのラストシーンだった。

寅さんが乗った主な路線バス・路面電車

名称	作数	備考
嶽温泉前バス停	第7作「奮闘篇」	温泉帰りの寅さんと心配するさくらがバスの中でハチ合わせ、バスは弘前行き弘南バス。路線は弘前～枯木平線だろうか？ 青森県弘前市
三重交通バス	第3作「フーテンの寅」	湯の山温泉へは近鉄湯の山温泉駅から三重交通の路線バスが温泉までを結んでいる。湯の山温泉には、おいちゃん夫婦もこのバスに揺られてやってきた。三重県菰野町
京都巡り	第2作「続・男はつらいよ」	寅さんが母親（ミヤコ蝶々）に会いに行き、散歩先生（東野英治郎）のお伴で京都市内をめぐったとき、市内バスを使っていた。多分1日乗車券で。京都府京都市
本村バス停	第32作「口笛を吹く寅次郎」	JR総社駅から総社バス神原・妙仙寺行きに乗り、本村バス停で、テキヤ仲間と別れる。総社バスは中鉄バスの子会社で、岡山県総社市・吉備中央町で路線バスを運行する。岡山県総社市
都電荒川線	第40作「寅次郎サラダ記念日」	寅さんが都電で早稲田大学に行く。「♪都の西北 チンチン電車だ」なんて唄いながら、寅さんが乗った都電荒川線ワンマン7017形は早稲田を目指す。東京都新宿区
鹿児島市電	第34作「寅次郎真実一路」	ふじ子は蒸発した夫を捜しに寅さん共々鹿児島へ飛び、市内を路面電車に乗って探し回る。市内電車は鹿児島中央駅から天文館など市内をネットしている。鹿児島県鹿児島市
ウィーンのトラム	第41作「寅次郎心の旅路」	ひょんなことからウィーンに行った寅さん、ウィーンの交通は地下鉄と市内をくまなくネットするトラム（路面電車）がある。ウィーンはヨーロッパ屈指のトラム王国である。オーストリア・ウィーン

京福バスの旅

第9作「柴又慕情」
福井県の京福電鉄（現・えちぜん鉄道）駅で知り合った女性3人組（吉永小百合ら）と福井駅前から京福バスの路線バスで東尋坊、越前松島などの観光地をめぐる。京福バスは今も福井県北部を走る路線バスとして生活に欠かせない。

上荷付場バス停留所

第25作「寅次郎ハイビスカスの花」
ラストシーンは群馬県のロマンチック街道の「上荷付場」バス停。国鉄バスと草軽電鉄バスが相互乗り入れしていたバス停である。蝉（せみ）しぐれの中、バスを待つ寅さんのところに偶然通りかかったリリーの乗る「送迎バス」。相乗りバスがロマンチック街道を走り去るところで「終」マーク。バス停は廃止されたが寅さん人気にあやかり、待合室が再現されている。群馬県中之条町

銀バス

第25作「寅次郎ハイビスカスの花」
空路沖縄入りした寅さんは空港から牧志経由の「銀バス」に乗って一路リリーの入院する病院へ。那覇交通は昔から銀バスと呼ばれ親しまれたが、現在の那覇バスになってから次第に姿を消してしまった。沖縄県那覇市

私は思う、寅さんの食生活は大きく偏っているのではないかと。柴又に居る時はおばちゃん、さくらの手料理で栄養のバランスは保てるものの、一歩旅に出れば食生活は大きく変化するからだ。

さて、寅さんが好きな食べ物といえば、まずは日本食が挙げられるだろう。朝飯は「温かい味噌汁さえありゃ十分だよ」と言っておきながら「あとはお新香と海苔とタラコひと腹。辛子の効いた納豆、これにね生ネギきざんでたっぷり入れてくれよ……、あとは塩昆布に生卵でも添えてくれりゃ。もう。おばちゃん何もいらねぇな、うん」などと、おばちゃんを困らせるのだ。（第5作「望郷篇」より）

さて、寅さんのわがまま食生活は？

寅さんにまつわる主な食べ物

名称	作数	備考
あんパン	第14作「寅次郎子守唄」	ラーメンと共に昼飯はあんパンが多い、第14作、呼子港で踊り子とうまそうに食べる寅さん、第19作では殿様にあんパンを勧める、殿様は「甘露甘露」と言い、お礼だと夜の豪華な食事に招待してくれた。
鰻	第2作「続・男はつらいよ」	病床の散歩先生が「どうしても江戸川の鰻が食いたい」といい、寅さんは江戸川で鰻を釣り上げる。寅さんも鰻は大好物、さくらの結婚式も、マドンナの結婚式も柴又の鰻屋で挙げたほどだから。
メロン	第15作「寅次郎相合い傘」	お礼に貰ったメロンを寅さんの留守中に食べたものだから、さあ、大変。これが有名なメロン騒動、好きか嫌いかわからねど食い物の恨みは……寅さん、大いにすねた。
日本酒二合瓶	第40作「寅次郎サラダ記念日」	寅さんの汽車旅には日本酒とスルメが欠かせない。寅さんこそが「呑み鉄」の元祖である。駅前旅館の夕食も晩酌は熱燗の二合とっくり。
ハンバーグ	第13作「寅次郎恋やつれ」	夕飯のおかずがハンバーグと聞いて、「嫌いだよ！　食いたかねえや！」と言っていた寅さんだったが、意中の人・歌子（吉永小百合）が作ったと知るや「大好き」と満面の笑み。
かにめし	第13作「寅次郎恋やつれ」	寅さんが駅弁を食べているシーンはあまり見ないが、山陰本線の急行列車の中でタコ社長のおごりで山陰名物駅弁の「カニめし」を食べていた。
コーヒー	第8作「寅次郎恋歌」	喫茶店の女将（池内淳子）に惚れて「きっちゃ店」通いの寅さん。「コーヒー飲もう」と言うものの、実際に飲んでいるシーンは見られない。コーヒーはあまり好きではなかったようだ。

おばちゃんの里芋の煮っころがし

寅さんが柴又に帰ってくると必ず作るのが、里芋とイカの煮っころがし。おばちゃんは寅さんの好物をお見通しなのだ。夕飼の食卓には大皿で盛られて、さくらや博も一緒に食べて団らんのひと時となるのだが。

駅前旅館の朝ごはん

第5作「望郷篇」

「ひと塩のシャケ、パリっとした浅草海苔、秋ナスの煮つけ、シラスの大根おろし」意外とぜいたくなのだ。まちがってもトーストにコーヒーなど食べている寅さんは見たことない。

ラーメン

映画の終盤、上野駅構内の食堂で登が残したラーメンを、泣きながらすするシーンは印象的。また、第11作「寅次郎忘れな草」、第17作「寅次郎夕焼け焼け」でも上野駅構内の食堂でラーメンを食べている。このほか、沼津の駅前食堂（第7作「奮闘篇」）などでもラーメンを食べているシーンが見られた。

各地に残る寅さんの記憶

寅さんは日本各地（富山・高知を除く）、さらにはオーストリアのウィーンなどさまざまな土地土地を旅してきた。その足跡は今も数多く現存していて、それが昭和の雰囲気を残す風景となっている。寅さんが行きそびれた越中富山、土佐の高知も私たちが知らない間にきっと寅さんは訪れていると思う。特に高知は第49作のロケ地予定でもあった。多分、寅さんだったらここへ行くだろう……と思いを馳せながら、寅さんゆかりの地を訪れてみた。そこには山田監督が言う「高度経済成長の陰で恐ろしい勢いで消えかかっている日本の原風景」と言われるように、もう存在しない風景があるかも知れない。しばし昭和の寅さんをしのんでみたいと思っている。

備中高梁駅

第8作、第32作と2度にわたりロケーションが行われた。作品を通じて街が変わった様子を鉄道を通じて山田監督は表現している。高梁の旅の始まりは伯備線備中高梁駅だった。第8作ではD51形の雄姿も見られた。岡山県高梁市

武家屋敷通り

第8作と第32作に全く同ポジションで鉄道を捉えた。第8作ではD51形が第32作では国鉄381系「やくも」が疾走している。山田監督は「鉄道の年の流れを表現したかった」と語っていた。岡山県高梁市

小沢駅・函館本線

第5作「望郷篇」では小樽築港機関区から小沢まで寅さんがD51形を追いかけて小沢駅にたどり着く。迫力あるD51形のシーンはSLファンの山田監督のこだわりだった。北海道共和町小沢

養老牛温泉・標津線

33作「夜霧にむせぶ寅次郎」では釧路から標津線沿線でロケが行われ、養老牛温泉では寅さんが熊に襲われるシーンがあった。その時のロケのベースが旅館藤屋だった。ロケの記念碑が建っている。北海道中標津町

千畳敷海岸

第7作「奮闘篇」では失意の寅さんと、さくらが五能線を旅する。その途中で遭遇するのが千畳敷海岸。「寅さんが自殺!?」かと思わせた場所だ。青森県深浦町

函館駅

第15作「寅次郎相合い傘」では青函連絡船から函館を経て長万部、蘭島、小樽と旅をする。函館駅前のラーメンの屋台での寅さんとリリーのシーンが印象的だった。北海道函館市

若桜鉄道安部駅

第44作「寅次郎の告白」は若桜鉄道の安部駅でポスター写真などが撮影された。安部駅は登録有形文化財指定の木造駅舎で、理髪店が同居している。鳥取県若桜町

丸窓電車・別所温泉

第18作「寅次郎純情詩集」は長野県別所温泉でロケが行われ、当時現役だった丸窓電車やレトロ駅舎が登場。寅さん、さくらが乗った丸窓電車は別所温泉駅などで保存されている。長野県上田市

志々島

第46作「寅次郎の縁談」のロケ地で映画の中では琴島になっている。本村港から徒歩3分のところにロケ記念碑があり、診療所前にはロケの記念写真が展示してある。香川県詫間町

長田「すいせん公園」

第48作「紅の花」は震災直後の神戸市長田区の菅原市場跡で撮影され、現在は「すいせん公園」として整備され、その一角に寅さんと山田監督の記念碑が建立されている。兵庫県神戸市長田区

油津

第45作「寅次郎の青春」は南九州の城下町飫肥と、港町の油津がロケ地で、油津の堀川運河を中心に撮影が行われた。運河のほとりに記念碑がある。宮崎県日南市

湯平駅

第30作「花も嵐も寅次郎」のロケ地は静かな温泉地で、JR湯平駅からバスの便がある。駅ホームのベンチや「山城屋」旅館には寅さんの部屋もある。大分県由布市

柘植駅

第2作「続・男はつらいよ」は初めて本シリーズにD51形が登場した記念すべき作品。駅前旅館に泊まっていた寅さんはD51形の汽笛で目覚める。当時は“加太越え”の列車が行き交う駅として賑わった。三重県伊賀市柘植

加計呂麻島

第48作「寅次郎紅の花」に登場するリリーの家がある島だ。海岸に建つロケ記念碑には、山田監督直筆で寅さんとリリーは今もここで幸せに暮らしていると記されている。鹿児島県瀬戸内町

編集
北村 光（天夢人）

ブックデザイン
天池 聖（drnco.）

DTP
竹内真太郎（スパロウ）

執筆
川本三郎
南 正時
岡本直樹
花房孝典
斉藤幹雄
町田てつ

校閲
武田元秀

写真・資料協力
松竹株式会社
南 正時
坪内政美
戸舘圭史
Photo Library

本書は本書は2018年刊の旅鉄BOOKS 006「寅さんの列車旅 映画『男はつらいよ』の鉄道シーンを紐解く」のカバーを変更のうえ、一部を再編集したものです。

旅鉄BOOKS 006

寅さんの列車旅 新装版

映画『男はつらいよ』の鉄道シーンを紐解く

2023年7月23日　初版第1刷発行

編　者　「旅と鉄道」編集部
発行人　藤岡 功
発　行　株式会社天夢人
〒101-0051　東京都千代田区神田神保町1-105
https://www.temjin-g.co.jp/
発　売　株式会社山と溪谷社
〒101-0051　東京都千代田区神田神保町1-105
印刷・製本　大日本印刷株式会社

●内容に関するお問合せ先
「旅と鉄道」編集部　info@temjin-g.co.jp　電話03-6837-4680

●乱丁・落丁に関するお問合せ先
山と溪谷社カスタマーセンター　service@yamakei.co.jp

●書店・取次様からのご注文先
山と溪谷社受注センター　電話048-458-3455　FAX048-421-0513

●書店・取次様からのご注文以外のお問合せ先
eigyo@yamakei.co.jp

Printed in Japan
ISBN 978-4-635-82525-2

鉄道がもっとわかると、鉄道に乗るのがもっと楽しくなる！

鉄道まるわかりシリーズ

鉄道まるわかり016
京王電鉄のすべて
定価1980円（税込）　A5判・144頁

好評発売中

001 京急電鉄のすべて改訂版
002 小田急電鉄のすべて改訂版
003 阪急電鉄のすべて改訂版
004 東武鉄道のすべて
005 新幹線のすべて改訂版
006 西武鉄道のすべて改訂版
007 京阪電鉄のすべて改訂版
008 名古屋鉄道のすべて改訂版
009 京成電鉄のすべて
010 西日本鉄道のすべて
011 通勤電車のすべて
012 特急列車のすべて
013 東急のすべて
014 近畿日本鉄道のすべて
015 南海電気鉄道のすべて

A5判・176頁
004巻　定価1760円（税込）
001・002・003・005・006・007・008・009・010・013・014巻　定価1980円（税込）
A5判・160頁
011・012巻　定価1980円（税込）　015巻　定価2200円（税込）

［旅鉄BOOKS］シリーズ　好評発売中

002 電車の顔図鑑1　改訂新版
JR線を走る鉄道車両
江口明男・著
●A5判・160頁・定価1980円（税込）

010 特急マーク図鑑　増補改訂新版
列車を彩るトレインマーク
松原一己・著
●A5判・176頁・定価1980円（税込）

060 寝台特急追跡乗車記
富士・あさかぜ・ゆうづる……、40年間の乗車記録
南 正時・著
●A5判・160頁・定価2200円（税込）

061 鉄道文字の世界
旅して見つけたレトロな書体
中西あきこ・著
●A5判・160頁・定価1980円（税込）

062 懐かしのジョイフルトレイン
鉄路を彩ったスペシャルトレイン
牧野和人・著
●A5判・160頁・定価2200円（税込）

063 懐かしの湘南顔電車
一時代を築いた電車たちの顔
「旅と鉄道」編集部・編
●A5判・160頁・定価2200円（税込）

064 完全保存版　ニッポンの鉄道150年物語
1872～2022年の鉄道の記録と記憶
「旅と鉄道」編集部・編
●A5判・160頁・定価1980円（税込）

065 鉄道ひとり旅のススメ
ひとり旅の魅力と乗りたい列車と場所
「旅と鉄道」編集部・編
●A5判・160頁・定価1980円（税込）

066 急行列車追跡乗車記
昭和の列島各地を駆け抜けた列車の記憶
南 正時・著
●A5判・160頁・定価2200円（税込）

067 寝台特急「北斗星」「トワイライトエクスプレス」の記憶
2つの豪華列車の記憶を旅行ライターが書き綴る
植村 誠・著
●A5判・160頁・定価2200円（税込）

旅と鉄道
発行／天夢人　発売／山と溪谷社

“旅鉄”の愛称で親しまれ、鉄道ファンから、旅好きまで多くの読者に愛されている鉄道旅の魅力を伝える雑誌。ローカル線やSL、絶景列車などのほか、アニメと鉄道、秘境駅など、幅広い特集記事を満載しています。
●**隔月刊・奇数月21日発売／A4変形判・128頁／定価1210円（税込）**

発行：天夢人Temjin　発売：山と溪谷社